*Este diario pertenece a:*

_____

*Obsequiado por:*

_____

*Fecha:*

_____

# Mis Charlas con Dios
## 40 Días
### *Diario de Oración*

Jennifer Hope Webster

Publicado originalmente en inglés con el título:
*Chat with God – Prayer Journal, 2002 Copyright TX5-546-479*

Recopilado, Autor y editado por: *Jennifer Hope Webster*

Traducción y edición: *Translators Solutions, Inc., David Fuchs*
*Bradley M Webster and Jennifer H Webster Family Trust Publishers*
Diseño de cubierta: *Robert Tambo*

999 99999787200064yfjmv

Categoría: RELIGIÓN / Vida cristiana / Devocional

Impreso en Estados Unidos de América Printed in the

United States of America

ISBN-13: 978-0-9968202-0-2    2020 Spanish

# Mis Charlas con Dios
## 40 DÍAS
## DIARIO DE ORACIÓN

## JENNIFER HOPE WEBSTER

## … ORA UNA VEZ A LA SEMANA U ORA TODOS LOS DÍAS

# CONTENIDO

¡NO LO OLVIDES!
ORAR VA TOMADO DE LA MANO
CON LA LECTURA DE LA BIBLIA

# JESÚS ES...

**JUAN 6:35**

Yo soy el pan de vida —declaró Jesús—. El que a mí viene nunca pasará hambre, y el que en mí cree nunca más volverá a tener sed.

**JUAN 8:12**

Una vez más Jesús se dirigió a la gente, y les dijo: —Yo soy la luz del mundo. El que me sigue no andará en tinieblas, sino que tendrá la luz de la vida.

**JUAN 10:7,9**

Por eso volvió a decirles: «Ciertamente les aseguro que yo soy la puerta de las ovejas … Yo soy la puerta;  el que entre por esta puerta, que soy yo,  será salvo. Se moverá con entera libertad, y hallará pastos».

**JUAN 10:11,14**

Yo soy el buen pastor. El buen pastor da su vida por las ovejas…Yo soy el buen pastor; conozco a mis ovejas, y ellas me conocen a mí.

**JUAN 11:25**

—Yo soy la resurrección y la vida. El que cree en mí vivirá, aunque muera.

**JUAN 14:6**

—Yo soy el camino, la verdad y la vida —le contestó Jesús—. Nadie llega al Padre sino por mí.

**JUAN 15:1,5**

Yo soy la vid verdadera, y mi Padre es el labrador…Yo soy la vid y ustedes son las ramas. El que permanece en mí, como yo en él, dará mucho fruto; separados de mí no pueden ustedes hacer nada.

PORQUE TANTO

AMÓ DIOS AL MUNDO,

QUE DIO A SU

HIJO UNIGÉNITO,

PARA QUE TODO

EL QUE CREE EN ÉL

NO SE PIERDA,

SINO QUE TENGA

VIDA ETERNA.

JUAN 3:16 (NVI)

# Libros de la Biblia

## NUEVO TESTAMENTO

| | |
|---|---|
| Mateo | 1 Timoteo |
| Marcos | 2 Timoteo |
| Lucas | Tito |
| Juan | Filemón |
| Hechos | Hebreos |
| Romanos | Santiago |
| 1 Corintios | 1 Pedro |
| 2 Corintios | 2 Pedro |
| Gálatas | 1 Juan |
| Efesios | 2 Juan |
| Filipenses | 3 Juan |
| Colosenses | Judas |
| 1 Tesalonicenses | Apocalipsis |
| 2 Tesalonicenses | |

## ANTIGUO TESTAMENTO

| | | |
|---|---|---|
| Génesis | 2 Crónicas | Daniel |
| Éxodo | Esdras | Oseas |
| Levítico | Nehemías | Joel |
| Números | Ester | Amós |
| Deuteronomio | Job | Abdías |
| Josué | Salmos | Jonás |
| Jueces | Proverbios | Miqueas |
| Rut | Eclesiastés | Nahúm |
| 1 Samuel | Cantar de los cantares | Habacuc |
| 2 Samuel | Isaías | Sofonías |
| 1 Reyes | Jeremías | Hageo |
| 2 Reyes | Lamentaciones | Zacarías |
| 1 Crónicas | Ezequiel | Malaquías |

# Bienvenido a la familia de Dios

Ora, lee tu Biblia y congrégate con otros cristianos en una iglesia bíblica.

## CÓMO USAR LA BIBLIA

LA BIBLIA: No hay lugar en el mundo o en tu vida que Dios no pueda tocar. Él es el gran creador de todas las cosas. ¿Sabías que pocos cristianos eligen leer la Biblia aunque todas las escrituras fueron «Inspiradas por Dios»?

Te desafío a cumplir cuatro objetivos. Márcalos cuando los hayas completado.

❏ Empieza por leer «Juan» y «Hechos» en la parte de la Biblia del Nuevo Testamento. Esto te enseñara de la vida de Jesús y más. Ora.

❏ Segundo, termina de leer todo el Nuevo Testamento hasta el Apocalipsis, el último libro del Nuevo Testamento, un capítulo o un poco más cada día. Ora.

❏ Resalta los versículos que son significativos para ti en tu jornada bíblica. Dios me habla de esta manera. Escoge un versículo de vida y memorízalo.

❏ Por último, empieza a leer el Antiguo Testamento y el Nuevo Testamento, cuantas veces te sea posible en la vida. Ora.

---

*Jesús es mi Señor y mejor Amigo. ¡Que también sea el tuyo!*

---

# Acepta a Jesús como Señor y Salvador

## HAZ ESTA ORACIÓN:

«Jesús, te amo y tengo necesidad de ti en mi vida.

Creo que lo que la Biblia enseña es verdad.

Creo que tú viviste, moriste y tres días después resucitaste.

Que fuiste al cielo a preparar un lugar donde no habrá

lágrimas ni sufrimiento.

Te acepto como el Señor de mi vida.

Te pido que me perdones por mi mal comportamiento,

conocido como pecado.

Es tu sangre la que me limpió de toda iniquidad.

Gracias por amarme y aceptarme como tu hijo.

Amén».

Jennifer Hope Webster

## MIS CHARLAS CON DIOS
# 40 DÍAS
## DIARIO DE ORACIÓN

# INTRODUCCIÓN

El mundo ha buscado larga y duramente el secreto para hablar con Dios. Si disponemos de las escrituras ¿es esto en realidad un secreto? Dentro de la Santa Biblia, profetas del Antiguo Testamento y discípulos del Nuevo Testamento, han provisto un modelo para nosotros. Jesús amablemente nos enseñó a orar a través del «Padrenuestro» (Mateo 6:9-13); sin embargo, sabios, jóvenes, viejos parecen estar todavía desafiados ante este ejemplo. Estudiar la Palabra de Dios, tener un mentor y participar diariamente en *Mis charlas con Dios: 40 días... diario de oración*, son caminos significativos que establecen los fundamentos para iniciar el reto de orar. Sé vulnerable, puro y honesto con cada intención. Me temo que no hay un atajo.

Al transitar el camino de la oración de esta jornada devocional, familiarízate primero con todas las páginas de este diario. El material *Mis charlas con Dios: 40 días... diario de oración* se explica solo y cuenta con cuarenta días para realizar anotaciones en el diario. Permite que esta oportunidad sea de descubrimiento y aprendizaje de cómo la oración puede ajustarse mejor al carácter y estilo de cada uno. La oración cambia las cosas y te cambiará a ti. Si tu vida de oración necesita de un impulso, únete a una herramienta de aprendizaje que ha estado vigente por décadas... ¡algo debe tener!

—Ama al Señor tu Dios con todo tu corazón, con toda tu alma y con toda tu mente —le respondió Jesús—. Este es el primero y el más importante de los mandamientos (Mateo 22:37-38).

Construir una relación con Dios es esencial para la vida y desarrollar esa relación toma tiempo, transparencia y comunicación. Esto solo puede construirse por la comunicación con Dios a través de la oración. Por años he estudiado la Biblia, sin embargo, edificar una relación mutua y honesta con el Señor, realmente empezó cuando la vida se volvió demasiado difícil para arreglármela en mi propia fuerza.

Llevar un diario que registre frases o alabanzas de «Adoración»; la «Confesión» de los pecados diarios; los agradecimientos en «Acción de Gracias»; la «Súplica» a través de oraciones de apoyo a uno mismo y a otros, impacta significativamente la vida. Lo creas o no, estas cuatro áreas de oración te llevarán a un nivel más profundo e íntimo de relación con Jesucristo. (1 Corintios 1:27). Escribe cada nota con un corazón simple, sincero y genuino.

Dejar el legado de un diario de oración a mi familia directa, mi comunidad y el mundo, ha sido mi única aventura, propósito y desafío. Las expresiones escritas libremente en un diario personal de oración, permitirán que la misma esté enfocada, dirigida y llena de propósito para comunicarse con nuestro Señor. Empieza por llenar el registro «Oración Respondida» provisto en el dorso del libro. Anota las oraciones personales que Dios ha respondido. Jesús se preocupa por los detalles de la vida (véase Salmos 139). Dios efectivamente interviene en nuestra existencia diaria. Él empezará a responder las plegarias desde lo más simple a lo más profundo.

Escuchar la Palabra de Dios y orar, es la disciplina requerida por todos los hombres y mujeres de fe.

—Así que la fe viene como resultado de oír el mensaje, y el mensaje que se oye es la palabra de Cristo (Romanos 10:17).

La oración del justo es poderosa y eficaz (Santiago 5:16c).

El Señor me ha enviado a un asombroso peregrinaje cristiano que acabo de empezar. En esta aventura, he probado el fruto de lo que significa estar satisfecho (Deuteronomio 8:10) en Cristo. Orar y estudiar la Palabra de Dios son solo una parte de la ecuación. El compañerismo y la responsabilidad con otros cristianos; diezmar y ofrendar; escuchar la Palabra de Dios que refleja la Biblia; son algunos de los muchos factores a considerar en nuestro crecimiento cristiano. Da pasos de fe. Atrévete al desafío que Dios ha puesto como propósito en tu corazón. No olvides los milagros que han sido documentados en la historia bíblica: servimos al mismo Dios. ¡Ora por cosas grandes!

Además de lo que ha sido mencionado anteriormente, el diario de oración puede resultar, en corto plazo, el avance hacia una oración silenciosa o al hábito continuo de escribir para toda la vida. El tener una biblioteca con el diario de oración personal, puede convertirse en un legado de fe, perseverancia, entereza de carácter y esperanza (Romanos 5:1-5), confirmando que: «Dios dispone todas las cosas para el bien de quienes lo aman, a los cuales él ha llamado de acuerdo con su propósito» (Romanos 8:28).

Pasa la antorcha hacia delante, poniendo atención a una de las más incomprendidas y globalmente obviadas disciplinas cristianas: la oración. Mis Charlas con Dios en el siglo veintiuno.

## Propósito:

«PASAR A LA SIGUIENTE GENERACIÓN, LA VERDAD CRISTIANA DE LA SANTA BIBLIA Y LA ORACIÓN»

L a siguiente es una breve descripción de cada tipo de oración, que te dará mayor entendimiento y motivación para orar. Un versículo de la Escritura se añade para ayudarte a conocer lo que escribes. Cuando sea tu turno de escribir, no olvides incluir la fecha. Es divertido ver nuestro crecimiento espiritual y la oración respondida.

Es posible que quieras conocer algunos de los beneficios de la oración:

Conocer y amar a Jesús más profundamente, recibir perdón por los pecados, tener esperanza y fortaleza para seguir adelante, recibir sabiduría y dirección cada día de nuestra vida, ser más como Cristo y tener vida eterna con el Rey. ¡Los beneficios son numerosos!

# ADORACIÓN

# CONFESIÓN

# TIEMPO PARA AGRADECER

# ORA EN SÚPLICA

ACTO es un esquema usado libremente por los cristianos a nivel mundial.

# Adoración

«Reverencia o rendir homenaje; gran amor o devoción».
(Diccionario Webster)

## Salmos 145:1-5

«Te exaltaré, mi Dios y rey; por siempre bendeciré tu nombre.

Todos los días te bendeciré; por siempre alabaré tu nombre.

Grande es el Señor, y digno de toda alabanza;

su grandeza es insondable.

Cada generación celebrará tus obras y proclamará tus proezas.

Se hablará del esplendor de tu gloria y majestad,

y yo meditaré en tus obras maravillosas».

(La Santa Biblia, Nueva Versión Internacional)

## Otras referencias:

Salmos 29:2; 95:6. Daniel 4:2-3

# RECONOCERLE en ADORACIÓN

«EL PROBLEMA REAL DE LA VIDA CRISTIANA APARECE CUAN-
DO LA GENTE NO LA BUSCA REGULARMENTE. APARECE CADA
MOMENTO QUE TE DESPIERTAS EN LA MAÑANA. TODOS
TUS DESEOS Y ESPERANZAS PARA EL DÍA, SALTAN SOBRE TI
COMO ANIMALES SALVAJES. Y EL PRIMER TRABAJO DE CADA
MAÑANA CONSISTE SIMPLEMENTE EN HACERLES RETROCE-
DER; ESCUCHANDO A ESA OTRA VOZ, TOMANDO ESE OTRO
PUNTO DE VISTA, PERMITIENDO QUE ESA VIDA MÁS GRANDE,
FUERTE Y TRANQUILA FLUYA. Y ASÍ, MANTENTE TODO EL DÍA
ALEJADO DE TUS ALBOROTOS Y MORTIFICACIONES NATURA-
LES, DEJANDO QUE SE LAS LLEVE EL VIENTO».

~C.S. Lewis, erudito autor cristiano

Una vida más grande, fuerte y tranquila, fluye a través de la
«Adoración». Adoración es «el acto de adorar» y «amor muy profundo y
respeto» por Dios (www.dictionary.com, 2006, traducido del original en
inglés). ¿Cómo somos parte de este fenómeno de tanta intimidad y amor
por Dios? La respuesta es más fácil de lo que uno se puede imaginar. El
amor simplemente sucede, ya que Dios nos ha estado buscando desde
el principio del tiempo. Más abajo, están algunas descripciones visuales y
pensamientos que nos preparan a la transición y a «entrar en» la adoración a nuestro Dios:

Vamos a celebrar la presencia de Dios (Salmos 61:7); reconozcamos el legítimo lugar de Cristo sobre nuestras vidas. Apacigüémonos y aceptemos su autoridad (Apocalipsis 1:17-18), su última palabra, para guiarnos...despojémonos del trono (Génesis 41:40); entreguémosle el asiento de honor y las llaves de nuestras vidas... aceptemos su amor (Juan 3:16), su dominio y creamos que todo es posible con él (Mateo 19:26) y que todas las cosas están dispuestas para el bien (Romanos 8:26). Adorémosle con un corazón puro (Salmos 24:4) sin agenda, horario o quejas pasadas que atender. Nuestros ojos conectados con él en comunión. Los dolores del mundo terminan. Dejémoslos ir. En este momento de tranquilidad (Salmos 46:10), la paz entra en la habitación. Descansamos junto a Dios. Él ocupa su legítimo lugar de honor... nosotros a sus pies (Apocalipsis 1:17). El amor está completamente restaurado...

En 2 Crónicas, tenemos una idea clara de lo que significa adorar a Dios: «Al ver los israelitas que el fuego descendía y que la gloria del Señor se posaba sobre el templo, cayeron de rodillas y, postrándose rostro en tierra, alabaron al Señor diciendo: "El Señor es bueno; su gran amor perdura para siempre"» (2 Crónicas 7:3).

## EL AMOR DE DIOS~

Entregarnos en «Adoración» establece la plataforma para que nuestras finitas y humanas mentes comiencen a comunicarse (oración) con el Señor que todo lo conoce (omnisciente) y que siempre está presente (omnipresente). Este primer paso nos permite reconocer su santidad (Éxodo 15:11), su naturaleza poderosa y ubicarlo en el adecuado lugar de autoridad sobre la vida, el mundo, y por supuesto, nuestras cargas. En Cristo y solo en Cristo, nuestras almas quedarán satisfechas (Salmos 17:15). No existen barreras que puedan separar nuestra relación con el Padre (Romanos 8:37-39).

SIN EMBARGO, EN TODO ESTO SOMOS MÁS QUE VENCEDORES POR MEDIO DE AQUEL QUE NOS AMÓ. PUES ESTOY CONVENCIDO DE QUE NI LA MUERTE NI LA VIDA, NI LOS ÁNGELES NI LOS DEMONIOS, NI LO PRESENTE NI LO POR VENIR, NI LOS PODERES, NI LO ALTO NI LO PROFUNDO, NI COSA ALGUNA EN TODA LA CREACIÓN, PODRÁ APARTARNOS DEL AMOR QUE DIOS NOS HA MANIFESTADO EN CRISTO JESÚS NUESTRO SEÑOR (ROMANOS 8:37-39).

## UNA HISTORIA DE VIDA~

Si te preguntas dónde aprendí mi inspiración para la oración, tendría que decir que fue observando la fe de mi madre hacia Jesús. No fue de una ocasión en que estudié su compromiso de hablar con Dios, sino de cada suspiro suyo hecho con amor a Dios. Al criar como madre sola a cuatro niños de cinco años y medio, cuatro años y medio, tres años y un recién nacido; mi madre dependía de su Padre Celestial.

Cada temporada, aparecían muchas clases de frutos en los árboles del terreno que rentábamos. Comíamos hasta saciarnos granadillas, duraznos y bayas en un acre de tierra. Dios vio esto. Nosotros paseábamos por los campos vecinos y veíamos las nubes en el cielo. Mi hermana recuerda haber llevado baldes de agua para botar en el servicio higiénico donado por los vecinos. Recuerdo haber comido emparedados de lechuga o una papa al horno para cenar… o debería decir que recuerdo cómo la cara de mi madre irradiaba gozo del Señor al preparar cada comida. Eran tiempos financieramente escasos, pero yo me sentía segura, protegida y amada. Alaben a Dios por preocuparse de sus hijos amados.

Cuando las alacenas estaban vacías, consultábamos a Jesús. Nos arrodillábamos en los pulidos pisos de madera delante del sofá de la sala, desde el mayor hasta el menor, y hablábamos con Dios. «Dios, danos algo de comer. Tenemos hambre. Te amamos. Gracias». Oraciones simples y directas de un niño, dichas con corazones puros. Nuestro Señor no nos desilusionó. Esa misma noche, una iglesia cercana donó víveres a la congregación a la que asistíamos (Hechos 2:43-47). El pastor Phelps nos entregó una cantidad de víveres que nunca antes habíamos visto.

Al salir, nuestro ministro recuerda profundamente haber visto a mi hermana parada, descalza en la puerta delantera, levantando los puños, en uno sosteniendo firmemente una pata de pollo y en el otro, un helado, mientras los agitaba en el aire. Su cara, manchada con las sobras del banquete, tenía dibujada una interminable sonrisa. Estoy segura que todos sonreíamos ese día. Dios es nuestro proveedor (ver: Deuteronomio 8:3; Nehemías 9:15; Isaías 49:10; Lucas 6:21; Apocalipsis 7:16).

A los cinco años, conocí a Cristo como mi Señor y Salvador en la Escuela Bíblica Vacacional en Los Ángeles, California, Estados Unidos. Luego de mi conversión al cristianismo, tuve el privilegio de ser bautizada (Mateo 28:17-20), siendo aún una niña, en la tina de baño, por mi mamá. El bautismo (típicamente realizado ante la congregación de la iglesia y no en una tina de baño) demuestra nuestra fe en Dios (Colosenses 2:12); Cristo demanda esto a todos los creyentes. El bautismo es una ilustración práctica de adoración. Mi mamá también me ungió cubriendo mi frente con aceite de oliva haciendo la forma de la cruz (Éxodo 28: 41). «Has ungido con perfume mi cabeza; has llenado mi copa a rebosar. La bondad y el amor me seguirán todos los días de mi vida; y en la casa del Señor habitaré para siempre» (Salmos 23:5-6).

¿Por qué todo este fervor? ¿Es realmente necesario? ¡Sí! Parte de la adoración a nuestro Señor proviene del sufrimiento. La batalla espiritual (Salmos 38:19; Salmos 56:2; Salmos 59:3) se la ve a través de las pruebas y es experimentada por toda la gente. El estrés es el suelo fértil que incentiva el carácter y una relación de dependencia con nuestro Dios. «Por tu causa siempre nos llevan a la muerte; ¡nos tratan como ovejas para el matadero!» (Romanos 8:36).

En las horas difíciles, cuando niña, observaba a mi madre sacar una botella de aceite de oliva (Éxodo 3:25), ungir (Isaías 61:3) el dintel de cada puerta de la casa, clamando el nombre del Padre, del Hijo y del Espíritu Santo. Ungir en el nombre de Dios, solía ser usado para dedicarse al servicio a Dios, para protección, para implorar por la sanidad de los enfermos (Santiago 5:13-15) y cuando los campos de batalla parecían infranqueables (Salmos 23:5). Invitar al Señor a vivir con nosotros, producía un efecto calmante en nuestro hogar. Este fue un ejemplo del servicio espiritual de adoración de mi madre. «Por lo tanto, hermanos, tomando en cuenta la misericordia de Dios, les ruego que cada uno de ustedes, en adoración espiritual, ofrezca su cuerpo como sacrificio vivo, santo y agradable a Dios» (Romanos 12:1).

En mi niñez, vi a mi madre Grace, librar batallas de rodillas. Su amor por Dios fue y es amoroso (Proverbios 15:1) y refrescante, de la clase que muestra un corazón completamente devoto a Dios (1 Reyes 15:3), como el de David en el Antiguo Testamento. Nunca hubieses sabido que tenía cruces que cargar. Ella adoraba a Dios y dulces lágrimas (Salmos 6:6) corrían por sus mejillas, liberándola de las presiones del mundo. Se balanceaba hacia delante y hacia atrás en una mecedora de madera verde olivo, mientras las alabanzas y la adoración irradiaban de sus labios. «Abre, Señor, mis labios, y mi boca proclamará tu alabanza» (Salmos 51:15).

Al reflexionar en otro pasaje de Deuteronomio, me di cuenta del ejemplo del apremio y propósito de mi madre: «Ama al Señor tu Dios con todo tu corazón y con toda tu alma y con todas tus fuerzas. Grábate en el corazón estas palabras que hoy te mando. Incúlcaselas continuamente a tus hijos. Háblales de ellas cuando estés en tu casa y cuando vayas por el camino, cuando te acuestes y cuando te levantes. Átalas a tus manos como un signo; llévalas en tu frente como una marca; escríbelas en los postes de tu casa y en los portones ... Teme al Señor tu Dios, sírvele solamente a él, y jura sólo en su nombre ... pues el Señor tu Dios está contigo y es un Dios celoso» (Deuteronomio 6:4-9, 13,15).

## SOBRECOGIMIENTO~

¡Sencillamente asombroso! Mientras estoy escribiendo, mis hijos adolescentes me llaman para que me apure a salir y presencie una escena sobrecogedora: Un arco iris extendiéndose a través del cielo sobre mi familia, hogar y ciudad. Díganme si esto no es digno de verse. Muchos de ustedes han presenciado un arco iris, pero; ¿alguna vez se han detenido a adorar en su camino a Dios por la belleza que él diseñó? ¿Alguna vez se han tomado unos minutos para absorber el amor incondicional de Dios y la promesa de nunca inundar la tierra otra vez? «Éste es mi pacto con ustedes: Nunca más serán exterminados los seres humanos por un diluvio; nunca más habrá un diluvio que destruya la tierra» (Génesis 9:11).

«Señor, el arco iris es una extensión de tu belleza. Deslumbrante ... poderoso ... lleno de expresión ... recuerdo tus promesas. Me siento segura bajo tu poder, cuidado y expresión de amor ágape»

## «ENTRAR EN» SU SALÓN DEL TRONO~

¿Qué debemos decirle a nuestro Señor? ¿Cómo empezamos? La devoción, alabanza y adoración consiste en buscar y dirigirnos a nuestro Señor como nuestro primer amor. (Apocalipsis 3:15). (La mayoría de la gente confunde «Adoración» con oraciones de "acción de gracias". También yo lo haría; sin embargo, es completamente diferente). Que sean pocas palabras, que esas palabras sean santas y den honor a Dios. Al meditar en lo que iba a escribir sobre «Adoración» (dado que se supone soy la experta), debo confesar que no soy una erudita o alguien que tenga este asunto perfeccionado. ¡Los libros e ideas sobre el tema son tan numerosos! ¿Que destreza tangible y sencilla puedo ofrecerles que les permita «entrar en» su salón del trono?

## La Biblia como nuestra guía~

El libro de Job (capítulos 38-41) vino a mi mente de inmediato (si alguna vez has tenido que soportar adversidad y dificultades, piensa en estudiar estos capítulos específicamente). Dios habla de sí mismo a través de estos versículos bíblicos a un hombre quebrantado llamado Job, quien está desesperado por la sabiduría divina. Me siento calmada y humilde por las palabras de Dios al estudiar estos capítulos una y otra vez.

En la adoración, me gusta copiar, reflejar e irradiar lo que la Biblia dice sobre Dios. Este es un ejemplo de adoración. Es como colocar nuestros pequeños pies en las huellas de nuestro Padre Celestial al caminar en la arena.

Abre tu Biblia en Job, capítulo 38, versículo 4. Dios habla desde la tempestad (Job 38:1):

«¿DÓNDE ESTABAS CUANDO PUSE LAS BASES DE LA TIERRA? ¡DÍMELO, SI DE VERAS SABES TANTO!» (JOB 38:4).

La adoración respondería: «Señor, fuiste tú quien sabiamente puso las bases de la tierra y marcó sus distancias» (Job 38:4).

Más abajo, hay porciones personal y artísticamente elegidas de los libros de Job y Apocalipsis, que me ministran y dan gloria a nuestro Señor. Recuerda, estoy añadiendo alguna creatividad a lo que Dios me ha expresado. Estoy respondiendo en amor, haciendo eco de algunas alabanzas. Empezaré con algunos ejemplos. Arriésgate e inténtalo tú.

Adoración: Señor, tú has colocado las constelaciones del cielo perfectamente en esta estación (Job 38:32). Tu creatividad me asombra.

Adoración: Los leones no pasarán hambre porque tú provees la presa para un festín (Job 38:39). Confiaré en ti todos los días de mi vida.

Adoración: La fortaleza de un caballo fue tu don. La crin en su cuello fue sabiamente diseñada (Job 39:19). Me siento inspirado por la manera en que pones atención a los detalles.

Adoración: Señor, te escucho golpeando a mi puerta. Escucho tu voz y abro la puerta. Por siempre, deseo cenar contigo y tú conmigo (Apocalipsis 3:20).

Adoración: En los cielos, no habrá más lágrimas, muerte o luto (Apocalipsis 21:4) Padre, celebro estas buenas nuevas de gozo por tu propósito y plan. Contigo espero estar.

Adoración: Señor, vengo y libremente tomo de tu agua de vida para nunca estar sediento de nuevo (Apocalipsis 22:7). Eres tú el único que sacia mi sed y satisface mi alma.

Leer y clamar los salmos tal como están, son otra forma sencilla de adorar:

«PERO TÚ, SEÑOR, ME RODEAS CUAL ESCUDO; TÚ ERES MI GLORIA; ¡TÚ MANTIENES EN ALTO MI CABEZA! CLAMO AL SEÑOR A VOZ EN CUELLO, Y DESDE SU MONTE SANTO ÉL ME RESPONDE. YO ME ACUESTO, ME DUERMO Y VUELVO A DESPERTAR, PORQUE EL SEÑOR ME SOSTIENE. NO ME ASUS-TAN LOS NUMEROSOS ESCUADRONES QUE ME ACOSAN POR DOQUIER» (SALMOS 3:3-6).

## EXALTAR A DIOS~

Una de las más renombradas autoras de oración es Stormie Omartian. He descubierto que sus oraciones son profundas, bíblicas y han llevado mi relación con Dios a niveles más profundos. Durante esta estación, he escogido leer su libro sobre adoración. Cuán apropiado resulta citar un párrafo de su libro «La oración que lo cambia todo: el poder secreto de alabar a Dios» (Harvest House Publishers, 2004, Euge-ne Oregon, pág. 9 del original en inglés):

«LA ALABANZA Y LA ADORACIÓN SON LA FORMA MÁS PURA DE ORACIÓN, PORQUE ALEJAN NUESTRAS MENTES Y ALMAS DE NOSOTROS Y LAS ENFOCAN EN ÉL. LO QUE COMUNICAN ES PURO AMOR, DEVOCIÓN, REVERENCIA, AGRADECIMIENTO Y APRECIO HACIA DIOS. ES EXALTAR A DIOS POR QUIÉN ES ÉL. ES COMUNICAR QUE LE ESPERAMOS. ES ACERCARNOS A ÉL POR EL SOLO HECHO DE AMARLE. CUANDO ADORAMOS A DIOS, ESTAMOS MÁS CERCA DE ÉL DE LO QUE JAMÁS ESTARE-MOS. ESO ES PORQUE LA ALABANZA DA LA BIENVENIDA A SU PRESENCIA EN MEDIO NUESTRO» (STORMIE OMARTIAN).

## NUESTRO DIOS NOS FORMÓ PARA ÉL~

Más adelante, hay más párrafos que contienen la intención de Dios de que su pueblo le adore, destacándose tres facetas de su diseño, perspectiva y celo que nos orientan en nuestras oraciones.

Primero: Nuestro Señor diseñó cuidadosamente su creación, al hombre y a la mujer. Nuestro Dios nos formó para él, para que pudiéramos alabarle y adorarle. «Al pueblo que formé para mí mismo, para que proclame mi alabanza» (Isaías 43:21).

Al estudiar las escrituras, podemos educar nuestras mentes y cambiar nuestros corazones hacia la perspectiva adecuada del propósito de Dios.

«EL CIELO ES MI TRONO, Y LA TIERRA ES EL ESTRADO DE MIS PIES. ¿QUÉ CLASE DE CASA ME CONSTRUIRÁN? —DICE EL SEÑOR—. ¿O QUÉ LUGAR DE DESCANSO? ¿NO ES MI MANO LA QUE HA HECHO TODAS ESTAS COSAS?» (HECHOS 7:49-50).

Encuentro difícil de imaginar que la tierra es el estrado de los pies de Dios. Si tengo que vivir con esa verdad, la posición de Dios es aumentar y ser magnificado y la mía decrecer. Él, como Creador (Isaías 43:15), ha diseñado artística y meticulosamente todas las cosas como en un mosaico. ¡Guau! Este concepto celestial no es comprensible para nuestras mentes finitas… o por lo menos para la mía.

Por último, nuestro Señor es un Dios celoso, como lo señalé antes de Deuteronomio 6. Él continúa clarificando su negativa a que adoremos a otros que no sean él. Escuchaste bien, Dios quiere nuestro corazón completamente. Poder excesivo, adoración financiera, perfeccionismo, adicciones sexuales y de drogas y cualquier otra cosa que nos haga caer, necesitan ser confesadas y puestas a los pies de Cristo. No podemos adorar a Dios cuando otros dioses tienen nuestra atención. Solo podemos servir a un Dios.

«No tengas otros dioses además de mí» (Éxodo 20:3).

«Elijan ustedes mismos a quiénes van a servir … Por mi parte, mi familia y yo serviremos al Señor» (Josué 24:15).

## LA ÚLTIMA PALABRA~

La Palabra de Dios es rica en «Adoración». Me voy a hacer a un lado y voy a permitir que el libro de Nehemías tenga la última palabra.

«ESDRAS BENDIJO AL SEÑOR, EL GRAN DIOS. Y TODO EL PUEBLO, LEVANTANDO LAS MANOS, RESPONDIÓ: "¡AMÉN Y AMÉN!". LUEGO ADORARON AL SEÑOR, INCLINÁNDOSE HASTA TOCAR EL SUELO CON LA FRENTE» (NEHEMÍAS 8:6).

# CONFESIÓN

## SALMOS 51:1-4

Ten compasión de mí, oh Dios, conforme a tu gran amor; conforme a tu inmensa bondad, borra mis transgresiones. Lávame de toda mi maldad y límpiame de mi pecado. Yo reconozco mis transgresiones; siempre tengo presente mi pecado. Contra ti he pecado, sólo contra ti, y he hecho lo que es malo ante tus ojos...».

(La Santa Biblia, Nueva Versión Internacional)

## 1 JUAN 1:9

«Si confesamos nuestros pecados, Dios, que es fiel y justo, nos los perdonará y nos limpiará de toda maldad» (NVI).

## OTRAS REFERENCIAS:

Proverbios 28:13; Salmos 86:15; Efesios 2:8-9; Santiago 5:16; 1 Pedro 2:4-5

# *L* A CONFESIÓN es CRUCIAL

«LA CONFESIÓN SIN CAMBIO, ES SOLO UN JUEGO».

The Daily Walk, Caminar a través de los Ministerios Bíblicos,

Mayo 5, 1999

¿Qué es la confesión específicamente? La confesión es «una declaración oral o escrita reconociendo culpa, hecha por alguien que ha sido acusado o a quien se le han presentado cargos por un delito» (www.dictionary.com, 2006, traducido del original en inglés). La confesión es crucial en nuestras vidas cristianas, para construir una relación honrada con nuestro Rey Celestial. Verdades: recuerdo haber confesado en muy pocas ocasiones mis pecados cuando era un adulto joven o durante mis años universitarios. No entendía claramente la confesión y cómo debía responder ante ella. Creo que me enseñaron apropiadamente, pero mis oídos no querían escuchar el mensaje cristiano.

Robar, matar o cometer adulterio, eran actos que no cruzaban siquiera mi mente. El Nuevo Testamento tiene una postura diferente en referencia a esto (Mateo 5:27-28). Nuestros pensamientos pueden ser percibidos como igualmente peligrosos en el Reino de Dios. Sin embargo, a través del estudio de las escrituras y siendo fiel a la oración diaria, Dios comenzó a educarme sobre la realidad de mi pecado. Estaba deseosa de recibir sus enseñanzas. El único hombre que no pecó fue mi Señor y Salvador, Jesucristo. Nuestro Señor fue tentado por el demonio, pero él no pecó (Mateo capítulo 4).

Esta declaración inicial es un llamado de atención. La verdad está dicha. Solamente Jesús, el Hijo del Dios viviente, es santo. Nosotros no podemos obtener tal pureza y rectitud por nuestra cuenta, «pues todos han pecado y están privados de la gloria de Dios» (Romanos 3:23).

## LIBRE DE VERDAD~

Confesar mi orgullo, falta de obediencia humilde a Dios y pensar que vivía sin pecado, fue un paso crítico para mí. Ahora, educada con la verdad de la Biblia, descubro diariamente un pecado por confesar. Esto aturde mi mente, pero es verdad. Algunos días, mi desobediencia es obvia; otros días, tengo que pedirle al Espíritu Santo que busque en mi corazón y me convenza de mi falta de rectitud. «Y cuando él venga, convencerá al mundo de su error en cuanto al pecado, a la justicia y al juicio» (Juan 16:8). Incluso, pido perdón por el pasado, confesando pecados de los cuales no estaba consciente.

He aquí algunos pensamientos que nos preparan a un corazón de confesión:

En la presencia de la pureza y fortaleza de Dios, debo decir la verdad. Mi corazón se presenta limpio ante mi Dios, mi alma es completamente transparente ante él. Estoy en silencio porque en su compañía todas las mentiras, oscuridad y egoísmo están expuestos. No puedo esconder más esta carga. Yo confieso que he pecado, porque Dios ve todas las cosas. La carga de mi alma culpable es retirada. Su santidad me consume. Su eterno amor es sobrecogedor. La pesadumbre que ocupaba mi vida es liberada… yo soy liberada.

«Así que si el Hijo los libera, serán ustedes verdaderamente libres» (Juan 8:36).

«¡DICHOSOS AQUELLOS A QUIENES SE LES PERDONAN LAS TRANSGRESIONES Y SE LES CUBREN LOS PECADOS! ¡DICHOSO AQUEL CUYO PECADO EL SEÑOR NO TOMARÁ EN CUENTA!» (ROMANOS 4:7, 8).

«POR LO TANTO, YA NO HAY NINGUNA CONDENACIÓN PARA LOS QUE ESTÁN UNIDOS A CRISTO JESÚS, PUES POR MEDIO DE ÉL LA LEY DEL ESPÍRITU DE VIDA ME HA LIBERADO DE LA LEY DEL PECADO Y DE LA MUERTE» (ROMANOS 8:1,2).

«¿Qué concluiremos? ¿Que vamos a persistir en el pecado, para que la gracia abunde? ¡De ninguna manera! Nosotros, que hemos muerto al pecado, ¿cómo podemos seguir viviendo en él? … Así el pecado no tendrá dominio sobre ustedes, porque ya no están bajo la ley sino bajo la gracia» (Romanos 6:1-2, 14).

## El pecado es la «tendencia» humana

Mi carga fue consumida por el amor incondicional de Dios. No había términos ni condiciones que negociar. El sacrificio mayor, la sangre de Cristo, ha pagado el precio. El intercambio ha sido hecho. Yo he entendido que esto es la confesión:

«Así que acerquémonos confiadamente al trono de la gracia para recibir misericordia y hallar la gracia que nos ayude en el momento que más la necesitemos» (Hebreos 4:16).

El proceso de sanación de los pecados comenzó cuando yo estuve dispuesta a admitir mi pecado de incredulidad, no solo ante mi Padre Celestial, sino ante mis compañeros y ante mí. Reconocí el hecho de que el «carácter» estaba escogiendo vivir una vida de rectitud, reflejada en la confesión, incluso cuando nadie estaba viendo. El pecado fue y es la tendencia humana o el error de toda la gente, que empezó con Adán y Eva en el «jardín» señalado en Génesis, capítulo 3.

## El ladrón que viene a robar, matar y destruir~

Cuando terminaba de escribir las notas de este documento, me tope con un pasaje en la escritura que muestra lo que Satanás vino realmente a hacer en este mundo:

«Tocó el quinto ángel su trompeta, y vi que había caído del cielo a la tierra una estrella, a la cual se le entregó la llave del pozo del abismo» (Apocalipsis 9:1).

La tentación empezó con Satanás; sin embargo, Dios nos enseña que en Cristo, el hombre puede encontrar una salida si está dispuesto a buscarle. «Dios no nos enviará donde no pueda sostenernos» (*The Daily Walk*, Caminar a través de los Ministerios Bíblicos, enero 3, 2002). «Por haber sufrido él mismo la tentación, puede socorrer a los que son tentados» (Hebreos 2:18).

El Espíritu Santo nos despierta de nuestra naturaleza pecaminosa y convence a nuestra alma a través de la culpa. «Y cuando él venga, convencerá al mundo de su error en cuanto al pecado, a la justicia y al juicio» (Juan 16:8). Cuando estudiamos, escuchamos sermones, aprendemos de la sabiduría de los grupos cercanos y nuestros queridos amigos cristianos, nos educamos y despertamos a la verdad. La Biblia es nuestra guía diaria que nos enseña a vivir una vida transparente ante Dios y los demás. Incluso, podemos aprender a través de las adversidades que nos rodean. Los periódicos y medios de comunicación están repletos de crudas historias. Jesús declara: «El ladrón no viene más que a robar, matar y destruir; yo he venido para que tengan vida, y la tengan en abundancia. Yo soy el buen pastor. El buen pastor da su vida por las ovejas» (Juan 10:10-11).

## DIOS ESCUCHA A LOS HUMILDES~
El Señor responde y se conecta con su pueblo:

«COMO TE HAS CONMOVIDO Y HUMILLADO ANTE MÍ AL ESCUCHAR LO QUE HE ANUNCIADO CONTRA ESTE LUGAR Y SUS HABITANTES, Y TE HAS RASGADO LAS VESTIDURAS Y HAS LLORADO EN MI PRESENCIA, YO TE HE ESCUCHADO. YO, EL SEÑOR, LO AFIRMO» (2 CRÓNICAS 34:27).

## LAS PRUEBAS NOS CONDUCEN A LA OBEDIENCIA~
¿Estás listo para profundizar en el tema del «pecado» y sumergirte en algunas historias bíblicas?

En el período del 456 — 444 a.C. aproximadamente, Esdras era un sacerdote del Antiguo Testamento. Él tuvo la oportunidad de ayudar a reconstruir el templo del Señor, después de setenta años de esclavitud, adversidad y muerte de mucha gente del pueblo de Dios. Esta gente quebrantada, finalmente se humilló (las pruebas sí nos conducen a la obediencia). En este caso, muchos israelitas habían sido conducidos a este peculiar encarcelamiento, debido a su negativa a Dios. Ellos eran «el pueblo escogido» y ampliamente bendecidos; sin embargo, ellos eligieron adorar a otros dioses y buscar el lujurioso placer en cosas del mundo, alejados de las convicciones basadas en las enseñanzas bíblicas *(ver: 2 Crónicas, Esdras, y Nehemías)*.

Sin embargo, setenta años pasaron y ahora el pueblo de Dios estaba libre para ir a su hogar. ¿Por qué esta gracia de Dios? El Señor tuvo compasión de su pueblo y de su morada de adoración *(Esdras 3:3)*. Los artículos y utensilios del templo sagrado eran de oro y plata, equivalentes a muchos millones en el mercado actual, fueron buscados, recolectados y empacados para el viaje a casa, ordenado por el rey. Los sacerdotes, hombres que se entregaban al servicio y a las cosas de Dios, se purificaron y ofrecieron ofrendas en holocausto día y noche en el lugar donde el templo tenía que ser construido.

Luego de esta corta celebración de libertad y construcción de altares de adoración para Dios, Esdras encontró corrupción masiva en el pueblo de Dios. Los hombres se casaban con mujeres que no compartían sus creencias. En medio de dicho júbilo, el pecado prevalecía. Esdras imploró la oración citada más adelante en Esdras, capítulo 9. El gozo de Esdras en medio de la adversidad, se transformó en culpa y temor. El Señor había dado a los israelitas su favor y gracia y a cambio, ellos deshonraron a Dios una vez más con su desobediencia (para una recapitulación concisa de la aterrorizante historia de brutalidad, asesinato y esclavitud del pueblo de Dios bajo el mandato del rey Nabucodonosor, ver 2 Crónicas 36:11-23).

## LA MÁS PURA CONFESIÓN DE UN SACERDOTE DEL ANTIGUO TESTAMENTO~

Esdras, el sacerdote que buscaba de Dios, reprendió al pueblo al ver su infidelidad. La confrontación era crucial. Yo admiro a este sacerdote por su disposición de alinear sus convicciones con los mandamientos, decretos y leyes de Dios.

(v. 2) «De entre las mujeres de esos pueblos han tomado esposas para sí mismos y para sus hijos, mezclando así la raza santa con la de los pueblos vecinos. Y los primeros en cometer tal infidelidad han sido los jefes y los gobernantes.

(v. 3) Cuando escuché esto, me rasgué la túnica y el manto, me arranqué los pelos de la cabeza y de la barba, y me postré muy angustiado.

(v. 4) Entonces, por causa del pecado cometido por los repatriados, se reunieron a mi alrededor todos los que obedecían la palabra de Dios. Y yo seguí angustiado hasta la hora del sacrificio de la tarde.

(v. 5) A la hora del sacrificio me recobré de mi abatimiento y, con la túnica y el manto rasgados, caí de rodillas, extendí mis manos hacia el Señor mi Dios,

(v. 6) y le dije en oración:

Dios mío, estoy confundido y siento vergüenza de levantar el rostro hacia ti, porque nuestras maldades se han amontonado hasta cubrirnos por completo; nuestra culpa ha llegado hasta el cielo.

(v. 7) Desde los días de nuestros antepasados hasta hoy, nuestra culpa ha sido grande. Debido a nuestras maldades, nosotros, nuestros reyes y nuestros sacerdotes fuimos entregados al poder de los reyes de los países vecinos. Hemos sufrido la espada, el cautiverio, el pillaje y la humillación, como nos sucede hasta hoy.

(v. 8) Pero ahora tú, Señor y Dios nuestro, por un breve momento nos has mostrado tu bondad al permitir que un remanente quede en libertad y se establezca en tu lugar santo. Has permitido que nuestros ojos vean una nueva luz, y nos has concedido un pequeño alivio en medio de nuestra esclavitud» (Esdras 9:2-8).

Hay un poco de terquedad en todos nosotros. El Señor se extiende hacia nosotros más de lo que merecemos. Había ciento trece individuos que fueron infieles al Señor en la historia bíblica, que estaban sobre sacerdotes, levitas y otros hombres. Con silenciosas lágrimas de dolor y tristeza, Esdras puso el ejemplo y mantuvo a la gente leal a la excelencia requerida por Dios. Como un frente unificado, toda la asamblea estuvo de acuerdo con Esdras y decidieron que la confesión era necesaria. «Te hemos ofendido y nos hemos corrompido mucho; hemos desobedecido los mandamientos, preceptos y decretos que tú mismo diste a tu siervo Moisés» (Nehemías 1:7). Estoy segura de que Dios y sus ángeles se regocijaron en esta apropiada decisión.

## LA HISTORIA DEL PERDÓN~

El Antiguo Testamento es inmisericorde: la obediencia cosecha bendiciones; la desobediencia cosecha castigo y condenación (Levítico capítulo 26). Pensar en esto me pone triste. Bajo la ley del Antiguo Testamento, no hay salida; sin embargo, hay esperanza en la actualidad, de acuerdo al Nuevo Testamento. Ya no vivimos bajo la atadura (Romanos 7: 14-25) del Antiguo Testamento. Los hombres de la antigüedad, de antes de Cristo, tenían que ofrecer sacrificios de animales vivos sin tachas ni defectos para cubrir su pecado. Qué triste y agotadora práctica. Las intenciones de Dios eran simples y directas, como lo vemos en 2 Crónicas:

«Si mi pueblo, que lleva mi nombre, se humilla y ora, y me busca y abandona su mala conducta, yo lo escucharé desde el cielo, perdonaré su pecado y restauraré su tierra» (2 Crónicas 7:14).

## Di no a la impiedad y a las pasiones mundanas~

Recientemente, leí en la Biblia cuán enojado estaba Dios con el constante pecado de los hombres, antes del diluvio de Noé. Le entristecía. «Al ver el Señor que la maldad del ser humano en la tierra era muy grande, y que todos sus pensamientos tendían siempre hacia el mal, se arrepintió de haber hecho al ser humano en la tierra, y le dolió en el corazón» (Génesis 6:5-6). A excepción de Noé, su familia y una pareja de cada especie de animal, el mundo entero se ahogó porque el hombre eligió pecar, en lugar de obedecer a Dios (para conocer más de la historia del «Diluvio», lee Génesis capítulos 6-9.)

No sé a ti, pero este pasaje me altera. Supongo que es porque siempre estoy pensando en mí y no me había dado cuenta que el pecado puede provocarle mucho dolor a mi Señor. Oro para que tú te unas a los pocos que desean transitar por el desafiante camino de la integridad y constante arrepentimiento del pecado. Vivir una vida con tal conciencia, no es fácil: encontrar fronteras saludables entre el legalismo y la gracia, escribir un diario de oración, disciplinarme para escribir a diario pequeños relatos de mi pecado y pedir perdón inmediatamente. Se siente bien ser sincero con Dios. «En verdad, Dios ha manifestado a toda la humanidad su gracia, la cual trae salvación y nos enseña a rechazar la impiedad y las pasiones mundanas. Así podremos vivir en este mundo con justicia, piedad y dominio propio» (Tito 2:11-12).

## Dios trae buenas nuevas~

Hermanos y hermanas, trasladémonos al presente del Nuevo Testamento. Jesús, el único Hijo de Dios que vino a la tierra sin pecado y sin pecar y se convirtió en el mayor sacrificio de todos. Yo sé que es complicado, pero la sangre de Cristo ha cubierto el pecado del hombre: el pasado presente y futuro… y más aun. Ninguna de nuestras buenas obras puede salvarnos. Por supuesto, sigue viviendo una vida de generosidad y amabilidad, pero acepta a Jesús como tu Señor y Salvador. «Así el pecado no tendrá dominio sobre ustedes, porque ya no están bajo la ley sino bajo la gracia. Entonces, ¿qué? ¿Vamos a pecar porque no estamos ya bajo la ley sino bajo la gracia? ¡De ninguna manera!» (Romanos 6:14-15).

El sacrificio de animales y el derramamiento de sangre por parte de los sacerdotes, son prácticas del Antiguo Testamento durante un agotador período que ya no existe. Las cosas han cambiado. Dios trae las «buenas nuevas» a través de su único hijo, Jesús. Por esto, tenemos esperanza.

> «PORQUE TANTO AMÓ DIOS AL MUNDO, QUE DIO A SU HIJO UNIGÉNITO, PARA QUE TODO EL QUE CREE EN ÉL NO SE PIERDA, SINO QUE TENGA VIDA ETERNA. DIOS NO ENVIÓ A SU HIJO AL MUNDO PARA CONDENAR AL MUNDO, SINO PARA SALVARLO POR MEDIO DE ÉL. EL QUE CREE EN ÉL NO ES CONDENADO, PERO EL QUE NO CREE YA ESTÁ CONDENADO POR NO HABER CREÍDO EN EL NOMBRE DEL HIJO UNIGÉNITO DE DIOS» (JUAN 3:16-18).

## REGRESA A TU PASTOR Y GUARDIÁN

La Biblia es completa sobre su mensaje de confesión. ¿Estás atrapado en una prueba? Te aliento a que confieses: Jesús está para agarrarte cuando caigas y abrazarte amorosamente de vuelta en su redil.

> «ANTES ERAN USTEDES COMO OVEJAS DESCARRIADAS, PERO AHORA HAN VUELTO AL PASTOR QUE CUIDA DE SUS VIDAS» (1 PEDRO 2:25).

# $\mathcal{T}$IEMPO para AGRADECER

«Dar las gracias» (Diccionario Webster)

## 1 TESALONICENSES 5:16-18

«Estén siempre alegres, oren sin cesar, den gracias a Dios en toda situación, porque esta es su voluntad para ustedes en Cristo Jesús».

(La Santa Biblia, Nueva Versión Internacional)

## SALMOS 95:1-2

«Vengan, cantemos con júbilo al Señor; aclamemos a la roca de nuestra salvación. Lleguemos ante él con acción de gracias, aclamémoslo con cánticos». (NVI)

## OTRAS REFERENCIAS:

Salmos 118:1; Colosenses 4:2

# Ⓣoma tiempo para SER AGRADECIDO

«Un día, siguiendo su viaje a Jerusalén, Jesús pasaba por Samaria y Galilea. Cuando estaba por entrar en un pueblo, salieron a su encuentro diez hombres enfermos de lepra. Como se habían quedado a cierta distancia, gritaron: — ¡Jesús, Maestro, ten compasión de nosotros! Al verlos, les dijo: —Vayan a presentarse a los sacerdotes. Resultó que, mientras iban de camino, quedaron limpios. Uno de ellos, al verse ya sano, regresó alabando a Dios a grandes voces. Cayó rostro en tierra a los pies de Jesús y le dio las gracias, no obstante que era samaritano. — ¿Acaso no quedaron limpios los diez? —Preguntó Jesús—. ¿Dónde están los otros nueve? ¿No hubo ninguno que regresara a dar gloria a Dios, excepto este extranjero? Levántate y vete —le dijo al hombre—; tu fe te ha sanado» (Lucas 17:11-19).

## LA GRATITUD CAMBIA NUESTRA ACTITUD~

De las simples hasta las aparentemente imposibles peticiones de oración, Dios las responde. Debemos devolvérselas con un agradecimiento de corazón. Acción de Gracias es «el acto de dar gracias; una expresión de gratitud, especialmente a Dios» (www.dictionary.com, traducido del original en inglés). Bastante fácil, pero no siempre se hace, ¿verdad? ¿Cuán a menudo olvidamos agradecer a Dios y a los demás? Nos emocionamos tanto de que Dios esté trabajando y escuche nuestras oraciones, que olvidamos detenernos y agradecer al Señor por su bondad. Ser agradecido cambia nuestra actitud.

Al hablar de la bondad de Dios, restauración (Levítico 26:13b) y bendiciones; este agradecimiento muestra creencia y reconocimiento de su autoridad. Él es el Señor de todo: salud, tranquilidad, familia, amor, refugio que nos abrigue, perdón… la lista puede seguir. «Gracias, Señor». La gratitud cambia nuestra actitud. Vivir una vida con un corazón continuamente agradecido, es vivir verdaderamente.

## Todas las cosas pertenecen a Dios~

Al estudiar el libro de Génesis, vemos que Dios es el hacedor y creador de todas las cosas. Nosotros simplemente pasamos por la vida; entramos sin nada y salimos de la misma manera (Job 1:21). Todas las cosas le pertenecen a Dios: nuestra vida, alma, cosas materiales, familia, etc. Todo lo que tenemos, Dios nos lo ha prestado, así que cuando nos «vanagloriamos» con una nutrida cuenta bancaria, una carrera segura, inversiones, un bonito auto, logros y honores educativos, debes saber que las cosas que poseemos y obtenemos, no nos definen. Nuestra relación personal con Jesucristo es nuestro mayor llamado. Recuerda, estas bendiciones, si vienen a nosotros, son solo un préstamo de Dios. Dado que todas estas cosas no son nuestras, vive con una actitud de humildad, generosidad y agradecimiento. Esta manera de vivir con gratitud, coloca nuestros corazones en una perspectiva adecuada. Todas las cosas le pertenecen a Dios (Job 41:11).

Hubo días demasiado difíciles de digerir, pero he tenido el placer que en el sermón dominical me hayan recordado estas verdades del Antiguo Testamento. Me gustaría compartirlas contigo.

«Del Señor es la tierra y todo cuanto hay en ella, el mundo y cuantos lo habitan; porque él la afirmó sobre los mares, la estableció sobre los ríos» (Salmos 24:1-2).

«¿Y quién tiene alguna cuenta que cobrarme? ¡Mío es todo cuanto hay bajo los cielos!» (Job 41:11).

«Pues míos son los animales del bosque, y mío también el ganado de los cerros. Conozco a las aves de las alturas; todas las bestias del campo son mías.

SI YO TUVIERA HAMBRE, NO TE LO DIRÍA, PUES MÍO ES EL MUNDO, Y TODO LO QUE CONTIENE» (SALMOS 50:10-12).

## UNA HISTORIA DE VIDA~

Hay algunas historias que nunca olvidarás, como esta: es sobre tener un corazón agradecido al Señor. En este caso, yo perdí mi corazón agradecido... bueno, solo un poco. Mientras todavía esté fresco en mi mente (julio 2004 — junio 2005), se las daré a conocer. De manera frontal, quiero disculparme profusamente por mi actitud pesimista y severa negatividad por algunos meses, cuando Dios comenzó a revelarme una prueba con la cual quería bendecirme y honrarme. «Porque yo sé muy bien los planes que tengo para ustedes —afirma el SEÑOR—, planes de bienestar y no de calamidad, a fin de darles un futuro y una esperanza» (Jeremías 29:11).

Yo llamo a esta prueba «El diluvio». No, no fue tan devastador como el arca de Noé (Génesis capítulos 6-9), pero para mí fue doloroso y «sacudió» mi mundo. De hecho, la prueba llegó cuando yo no la esperaba en lo absoluto.

## NUESTRA CÓMODA VILLA~

Había un lugar en el cual me sentía segura: mi hogar. Afuera de esta cómoda villa, todo parecía estar en caos, confusión y estrés; pero en casa, residía nuestro Señor. Mucha gente había comentado de su paz y tranquilidad. Era porque Dios estaba entre nosotros. Era un lugar cómodo donde te sacas los zapatos y te quedas dormido. Supongo que rompimos todas las estadísticas normales, porque vivimos desde septiembre de 1988, incluso antes de que nuestros hijos nacieran. Aunque la casa fue construida en 1953, hemos sido capaces de guardar recuerdos de toda una vida de celebraciones familiares y «pijamas party». Incluso he experimentado ver los cajones dañados de la cocina, cortocircuitos en la electricidad, la falta de una calefacción adecuada, pasando por un calefón de veinte galones para una familia de cuatro, con una interminable lista de invitados. A pesar de que nunca me quejé, nuestro Señor creyó que era tiempo de hacer algunas reparaciones y mejoras.

Las lecciones de Dios siempre están dirigidas al corazón. No solo nos enseñarán una lección de fe, sino que si se lo permitimos a Dios, nuestro carácter y madurez florecerán, porque nuestro Dios nos conoce y se preocupa por nosotros. Él ha contado cada cabello de nuestras cabezas. Él nos conoce íntimamente.

«Tú creaste mis entrañas; me formaste en el vientre de mi madre. ¡Te alabo porque soy una creación admirable! ¡Tus obras son maravillosas, y esto lo sé muy bien! Mis huesos no te fueron desconocidos cuando en lo más recóndito era yo formado, cuando en lo más profundo de la tierra era yo entretejido. Tus ojos vieron mi cuerpo en gestación: todo estaba ya escrito en tu libro; todos mis días se estaban diseñando, aunque no existía uno solo de ellos. ¡Cuán preciosos, oh Dios, me son tus pensamientos! ¡Cuán inmensa es la suma de ellos! Si me propusiera contarlos, sumarían más que los granos de arena. Y si terminara de hacerlo, aún estaría a tu lado»
(Salmos 139:13-18).

## El problema~

El diluvio comenzó con unas pequeñas gotas bajo el fregadero. Luego de varias evaluaciones hechas por los amigos y expertos, diagnosticamos el problema como la rotura de la tubería de agua de la hielera. Comenzamos a ver manchas de agua bajo los anaqueles de la cocina, mucho peores que el daño que podía causar una tubería de agua. Además, no sabíamos que había una rotura en la tina de baño con la válvula de desfogue. Efectivamente, eran dos inundaciones al mismo tiempo.

«¡No Señor, por favor, no es posible!», rogué desesperadamente.

En la evaluación con el seguro de la casa, cinco habitaciones estaban extensamente dañadas. El evaluador llenó la tina de baño a tres cuartos de su capacidad, para probar la validez de nuestro caso. No se necesita decir que era joven. Cuando haló el tapón de la tina, el agua no salió por donde él había pensado, a través de los drenajes, sino por las paredes y el piso. Era como intentar contener un dique abierto con un vaso plástico. No hubo toallas ni solicitud de ayuda que pudiera prevenir que este torrente nos inundara. Estoy segura que este joven adulto alcanzó la madurez aquel día, debido al estrés. Estaba extraordinariamente arrepentido.

Yo me quedé congelada, frágil e impotente. Mi corazón estaba desgarrado. Se me ocurrió que este problema no se iba a acabar. Nunca había enfrentado un problema de esta clase, pero así son las pruebas, te golpean en tu lado débil.

Luego de unos pocos meses de negociar con políticos ambientalistas y el seguro de casa, nuestra familia comenzó a tener problemas respiratorios: las paredes, el piso y los armarios comenzaron a tener moho. Tuvimos que mudarnos inmediatamente. En mi mente, estaba elucubrando acerca de cómo podía escapar de la realidad de esta situación.

## MURMURAR Y SUFRIR~

Dios me reveló la devastación un paso a la vez. Yo no sabía que el proceso de restauración tomaría un año. ¿Por qué? Yo no estaba lista. Sinceramente, estaba viviendo un desastre por tener que mudarme rápidamente con mi esposo, dos hijos adolescentes y un perro. No podía soportarlo más

Yo quería ir a casa y no mudarme temporalmente. Estaba enojada y se lo dejé saber al Señor. No era justo. Me quejé, me quejé y me quejé.

Me habían arrebatado mi refugio. Le pregunté al Señor por lo inoportuno de la situación: ¿DÍA DE ACCIÓN DE GRACIAS, NAVIDAD Y CUMPLEAÑOS EN UN HOTEL?

«¡Nada mal, Señor!», me quejaba agresivamente. No había un corazón agradecido aquí. Lista o no, había entrado en un período conocido como «aflicción». Es normal.

El Señor es bastante claro en su postura sobre los corazones obstinados: «Dejen de murmurar —replicó Jesús» (Juan 6:43).

A pesar del hecho de que yo no lo merecía, el Señor me extendió la alfombra roja, además de una resolución positiva con nuestro seguro de casa. Tomó tres meses resolver el asunto con la aseguradora. Llegamos a un acuerdo de la carga financiera tres días antes de Navidad. Se encontró un contratista y la demolición comenzó en enero de 2005. Tener fe en Dios no fue fácil. Su Espíritu Santo nunca me dejó. Su amor era evidente.

«Aunque cambien de lugar las montañas y se tambaleen las colinas, no cambiará mi fiel amor por ti ni vacilará mi pacto de paz, dice el Señor, que de ti se compadece» (Isaías 54:10).

«Presten atención y vengan a mí, escúchenme y vivirán. Haré

con ustedes un pacto eterno, conforme a mi constante amor por David»
(Isaías 55:3).

El tiempo de nuestro Señor no tiene falla en lo absoluto (tengo
que tragarme mi orgullo y reconocer que esta prueba llegó en el tiempo correcto). Dios envió cristianos para que me enseñaran de su amor
incondicional («ágape» en griego).

## Vivir en un cementerio~

Mientras cenábamos en el hotel donde nos quedamos el primer
mes, la gerente de comidas se acercó a la mesa. Ella irradiaba gozo. Su
elegancia y seguridad denotaban estabilidad y paz. Un hermoso collar
con una cruz colgaba de su cuello. Echó una mirada a la Biblia abierta
que yo tenía frente a mí; se puso a conversar amigablemente. La amabilidad estaba en la punta de su lengua. Antes de darme cuenta, ella me
estaba contando la historia de su conversión al cristianismo.

Me quedé con la boca abierta cuando ella me narró su increí-
ble historia de la sanidad, gracia y transformación de Dios. ¿Estás listo
para escuchar esta historia que parece inimaginable? Esta mujer vivió
por más de ocho años en un cementerio, sobreviviendo de una condi-
ción de alcoholismo y adicción a la droga, junto a un novio que vivía de
la misma manera. Mis pensamientos acerca de vivir en las calles, en las
frías noches y de sufrir ese abandono físico, eran fuertes. Ella cedió el
derecho de criar a sus dos hijos. Yo me preguntaba, ¿qué la condujo a
ese estado de mente?

Entonces, ella conoció al Señor, su perdón y amor. Dios transformó su vida. Pero gracias a que Cristo la recordó en su tribulación y res-
tauró su relación con sus hijos (ahora adultos), esta piadosa mujer viviría
una vida de agradecimiento. En la actualidad, asiste a una iglesia local
en el condado de Orange, California, Estados Unidos. Canta en el coro,
tiene un apartamento y goza de un gran trabajo. Es posible que las con-
secuencias del abandono todavía tengan un costo en términos moneta-
rios y en momentos perdidos con sus hijos; pero Jesús le ha perdonado
todo.

«Que gobierne en sus corazones la paz de Cristo, a
la cual fueron llamados en un solo cuerpo. Y sean
agradecidos» (Colosense 3:15).

«DEDÍQUENSE A LA ORACIÓN: PERSEVEREN EN ELLA CON AGRADECIMIENTO» (COLOSENSES 4:2).

«ASÍ QUE NOSOTROS, QUE ESTAMOS RECIBIENDO UN REINO INCONMOVIBLE, SEAMOS AGRADECIDOS. INSPIRADOS POR ESTA GRATITUD, ADOREMOS A DIOS COMO A ÉL LE AGRADA, CON TEMOR REVERENTE» (HEBREOS 12:28).

## MANOS TIERNAS SOBRE MIS HOMBROS~

Mientras caminaba de regreso a la habitación del hotel, completamente exhausta por el largo día, conocí a una pareja en el pasillo mientras recogía la llave de la puerta que había dejado caer. Estaban mojados porque venían de nadar en la piscina. Comenzamos a charlar y en un momento, ellos colocaban gentilmente sus manos en mis hombros y en los de mi hijo. Oraron e imploraron por nuestras circunstancias. Su preocupación por nuestra familia me conmovió profundamente. Lloré cuando mi quebrantado corazón comenzó a recibir el amor incondicional de Cristo. Mi ira evitaba que estuviera en comunión con Dios. Dios usó a este hombre y a estas mujeres para amar lo que no se puede amar. No podía seguir viviendo de esa manera desagradecida y egoísta.

Esa noche, al ir a dormir, confesé mi negatividad y murmuración. Comencé a hablar en voz alta de mi profundo agradecimiento hacia Dios. Inicié esa noche un hábito que me llevó al sueño. ¿Cuál era el secreto? Tener un corazón agradecido, me dio la fortaleza para adaptarme de una manera que no puedo explicar. Empecé a incrementar a la lista diez cosas cada noche; diez cosas por las cuales estaba agradecida: mis hijos, familia, perro, mis ojos, la Biblia, amistades cristianas, la cena, una cama tibia e incluso el servicio de mucamas. Mi corazón se volvió gozoso. ¿Estaba ciega para no reconocer a Dios en su bondad? La siguiente mañana, el Señor levantó mi alma con un pasaje de la escritura que nunca olvidaré: Levítico 26:1-13. Le rogué al Señor que me hablara a través de su palabra y él lo hizo.

## RECOMPENSA POR LA OBEDIENCIA~

1 «NO SE HAGAN ÍDOLOS, NI LEVANTEN IMÁGENES NI PIEDRAS SAGRADAS. NO COLOQUEN EN SU TERRITORIO PIEDRAS ESCULPIDAS NI SE INCLINEN ANTE ELLAS. YO SOY EL SEÑOR SU DIOS.

2 Observen mis sábados y muestren reverencia por mi santuario. Yo soy el Señor.

3 Si se conducen según mis estatutos, y obedecen fielmente mis mandamientos,

4 yo les enviaré lluvia a su tiempo, y la tierra y los árboles del campo darán sus frutos;

5 la trilla durará hasta la vendimia, y la vendimia durará hasta la siembra. Comerán hasta saciarse y vivirán seguros en su tierra.

6 Yo traeré paz al país, y ustedes podrán dormir sin ningún temor. Quitaré de la tierra las bestias salvajes, y no habrá guerra en su territorio.

7 Perseguirán a sus enemigos, y ante ustedes caerán a filo de espada.

8 Cinco de ustedes perseguirán a cien, y cien de ustedes perseguirán a diez mil, y ante ustedes sus enemigos caerán a filo de espada.

9 Yo les mostraré mi favor. Yo los haré fecundos. Los multiplicaré, y mantendré mi pacto con ustedes. 10 Todavía estarán comiendo de la cosecha del año anterior cuando tendrán que sacarla para dar lugar a la nueva. 11 Estableceré mi morada en medio de ustedes, y no los aborreceré. 12 Caminaré entre ustedes. Yo seré su Dios, y ustedes serán mi pueblo. 13 Yo soy el SEÑOR su Dios, que los saqué de Egipto para que dejaran de ser esclavos. Yo rompí las coyundas de su yugo y los hice caminar con la cabeza erguida» (Levítico 26:1-13).

## Un corazón agradecido~

Se los voy a decir: Dios reveló más devastación para nuestro hogar. Toda la propiedad de más de cincuenta años, estaba bajo sospecha. Le pedí al Señor que me mostrara todos los daños y lo que necesitaba reparación. Mi Señor se excedió abundantemente y me mostró más de lo que yo podía imaginar. Reconstruimos todo lo que había sido demolido y destruido. Toda la casa estaba en las manos de Dios. Un conocido tomó fotografías para enviarlas a nuestra aseguradora luego de las reparaciones. Él comentó graciosamente que parecía una casa modelo. Es asombroso lo que la pintura fresca y la creatividad pueden hacer. Nuestro Señor la diseñó totalmente.

Sobre la puerta principal colocamos una placa para recordarnos nuestra devoción, amor y gratitud por Dios. «Elijan ustedes mismos a quiénes van a servir … Por mi parte, mi familia y yo serviremos al Señor» (Josué 24:15). Aquel año en el que nos mudamos cinco veces, había terminado. Como familia, sostuvimos nuestras manos, inclinamos nuestras cabezas y le dimos nuestro amor a Dios con palabras que llenaron de júbilo a los ángeles ¡Y tengo un corazón agradecido!

«Todos daban gracias al Señor, y a una le cantaban esta alabanza: "Dios es bueno; su gran amor por Israel perdura para siempre". Y todo el pueblo alabó con grandes aclamaciones al Señor, porque se habían echado los cimientos del templo. Muchos de los sacerdotes, levitas y jefes de familia, que eran ya ancianos y habían conocido el primer templo, prorrumpieron en llanto cuando vieron los cimientos del nuevo templo, mientras muchos otros gritaban de alegría. Y no se podía distinguir entre los gritos de alegría y las voces de llanto, pues la gente gritaba a voz en cuello, y el ruido se escuchaba desde muy lejos» (Esdras 3:11-13).

# ORA en SÚPLICA

«Pedir humildemente, como en una oración». (Diccionario Webster)

## SALMOS 142:1-3

«A voz en cuello, al Señor le pido ayuda; a voz en cuello, al Señor le pido compasión. Ante él expongo mis quejas; ante él expreso mis angustias. Cuando ya no me queda aliento, tú me muestras el camino».

(La Santa Biblia, Nueva Versión Internacional)

## SALMOS 143:1-2

«Escucha, Señor, mi oración; atiende a mi súplica. Por tu fidelidad y tu justicia, respóndeme. No lleves a juicio a tu siervo, pues ante ti nadie puede alegar inocencia». (NVI)

## OTRAS REFERENCIAS

Salmos 5:1; Santiago 5:13-18

# *L*a SÚPLICA
# TOMADA en SERIO

«Tú, SEÑOR, escuchas la petición de los indefensos, les infundes aliento y atiendes a su clamor» (Salmos 10:17).

Debemos tomar en serio la súplica. Pensemos en el tema de la «súplica», que significa: «pedir humilde y seriamente, por medio de la oración; hacer una solicitud humilde; clamar» (www.dictionary.com; traducido del original en inglés). El libro de Santiago nos da profundas enseñanzas en el tema de las peticiones de oración. He incluido algunas porque todos los pasajes escogidos hablan con verdadera sabiduría. Desempaca tus maletas y ponte cómodo. Yo creo que Dios quiere enseñarnos a que oremos en «GRANDE» suplicando no solo por nosotros sino por los demás.

«PERO QUE PIDA CON FE, SIN DUDAR, PORQUE QUIEN DUDA ES COMO LAS OLAS DEL MAR, AGITADAS Y LLEVADAS DE UN LADO A OTRO POR EL VIENTO» (SANTIAGO 1:6).

«DESEAN ALGO Y NO LO CONSIGUEN. MATAN Y SIENTEN ENVIDIA, Y NO PUEDEN OBTENER LO QUE QUIEREN. RIÑEN Y SE HACEN LA GUERRA. NO TIENEN, PORQUE NO PIDEN» (SANTIAGO 4:2).

«Y CUANDO PIDEN, NO RECIBEN PORQUE PIDEN CON MALAS INTENCIONES, PARA SATISFACER SUS PROPIAS PASIONES» (SANTIAGO 4:3).

Estos pasajes, tomados del Nuevo Testamento de la Biblia, específicamente del libro de Santiago, nos enseñan los principios básicos de la súplica: (1) pide con fe; sin dudar, (2) atrévete a pedirle a Dios, y (3) pide por las razones adecuadas. Estas enseñanzas parecen bastantes sencillas, sin embargo, dudamos al pedir. Se me ocurre que nosotros simplemente no presentamos nuestros pedidos ante Dios. Seamos considerados unos con otros al presentar a nuestro Señor todos nuestros pedidos, desde el más sencillo al más profundo. Él escucha las oraciones de su pueblo.

Mientras transitamos en el asombroso concepto de entregar a Dios nuestros corazones, dificultades y cargas quiero mostrarte un ejemplo de cómo dar un paso adelante «dentro» del tiempo de oración. Preparémonos para hablar con Dios.

El montón de tragedias, mías y del mundo, se han vuelto demasiado pesadas de llevar. Las palmas de mis manos sudan porque me he agarrado demasiado fuerte. He intentado arreglar el problema yo mismo con mi inteligencia. Debido al agotamiento, me veo obligado a entregar esta carga de preocupaciones a mi Señor, colocando no una, sino cada una de ellas ante nuestro Dios, pidiéndole que intervenga. Me he sentido sin esperanza. Yo le pido que se haga su perfecta voluntad. Sé que nuestro Padre Celestial nos ama y que en su carácter está el deseo de escucharnos decir lo que está consumiendo nuestros corazones y mentes. En esta ocasión, debo confiar, porque el trabajo de Cristo se completó en la cruz para toda la humanidad.

«Sobre este monte rasgará el velo que cubre a todos los pueblos, el manto que envuelve a todas las naciones. Devorará a la muerte para siempre; el Señor omnipotente enjugará las lágrimas de todo rostro, y quitará de toda la tierra el oprobio de su pueblo. El Señor mismo lo ha dicho» (Isaías 25:7-8).

«Señor, sólo tú puedes ayudar al débil y al poderoso. ¡Ayúdanos, Señor y Dios nuestro, porque en ti confiamos, y en tu nombre hemos venido contra

ESTA MULTITUD! ¡TÚ, SEÑOR, ERES NUESTRO DIOS! ¡NO PER-
MITAS QUE NINGÚN MORTAL SE ALCE CONTRA TI!»

(2 CRÓNICAS 14:11).

## UNA ORACIÓN PURA~

He escrito una «oración pura» que prefiero usar como una guía
para enseñar a otros a hablar con Dios. Quiero hacer énfasis en realizar
oraciones en «GRANDE». Por ejemplo; si vas a orar por un misionero,
un huérfano, un desamparado, un político, un viudo o un amigo enfer-
mo, ora también por todos los misioneros, huérfanos, desamparados,
políticos, viudos y enfermos. El Señor no quiere oraciones repetitivas y
descuidadas; él quiere un corazón quebrantado y contrito (Salmos 51:
17), sincero, que no se guarde nada.

Más adelante, está escrita una maravillosa oración que resulta
bastante incluyente. Si tú te preguntas «¿Cómo empiezo una oración de
súplica?», este ejemplo ofrece un inicio.

¿PODEMOS ENTRAR EN TU PRESENCIA, OH SEÑOR? SENTI-
MOS TU AMOR INCONDICIONAL Y AMAMOS A LOS DEMÁS
DE LA MISMA MANERA (JUAN 3:16). TOCAMOS EL BORDE DE
TU MANTO Y RECIBIMOS UN FESTÍN DE TU MESA (SALMOS
23). QUE NUESTRO MUNDO SEA EVANGELIZADO EN CRISTO
Y RECIBA ESPERANZA PARA HOY Y SALVACIÓN ETERNA (MAR-
COS 13:10). MANTÉN EL MAL ALEJADO DE NOSOTROS. VEN
PRONTO A TU PUEBLO. PERDONA NUESTRAS INIQUIDADES.
VE DELANTE Y ACLÁRANOS TU CAMINO Y VOLUNTAD. ORA-
MOS POR SABIDURÍA Y ENTENDIMIENTO DE UNA MANERA
OPORTUNA. QUE SEAMOS LLENOS DEL FRUTO DEL ESPÍRITU
SANTO AMOR, ALEGRÍA, PAZ, PACIENCIA, AMABILIDAD, BON-
DAD, FIDELIDAD, HUMILDAD Y DOMINIO PROPIO (GÁLATAS
5:22).

ORAMOS POR UNA EXCELENTE SALUD Y ESTABILIDAD MEN-
TAL EN CRISTO. SANA A NUESTROS ENFERMOS. ORAMOS POR
BENDICIONES FINANCIERAS, POR VIVIR BAJO UN BUEN PRE-
SUPUESTO, SOLIDEZ, AHORROS E INVERSIONES BENDECIDAS,
Y POR DEPOSITAR GENEROSOS DIEZMOS Y OFRENDAS COMO
NUNCA ANTES. PERMÍTENOS HACER TU TRABAJO. ALABAMOS

a Dios por nuestra salvación en Jesucristo, nuestro Señor. Nos regocijamos en nuestra salvación eterna, sirviendo a nuestro mundo en Cristo, con nuestros dones y talentos, tal como la Biblia lo declara. QUE NINGÚN HOMBRE PEREZCA (2 Pedro 3:9) sin tu amor, gracia y misericordia. Que el favor de Dios y de los hombres esté con nosotros. Extiende nuestras fronteras y área de influencia. Servimos solamente a Jesús. Que solo tú seas glorificado y adorado eternamente. Amén.

## Una historia de vida~

Oro para que la oración de corazón presentada antes, sea el inicio de la ayuda que necesitas para tu crecimiento espiritual. Quería compartir contigo de una vez en que me atreví a hacer una oración de súplica en «GRANDE». Era una de esas veces en las que todo parecía ir mal. Era el año de 1992.

Inesperadamente, mi esposo perdió un trabajo muy fructífero y experimentamos adversidad financiera, que ni siquiera vivimos cuando estábamos recién casados; pero ahora teníamos dos hijos que cuidar. Mi papá sufrió un ataque cardíaco y como resultado, mis padres perdieron su hogar. Mis abuelos estaban muriendo, a varios estados de distancia, con diabetes y cáncer de seno, y yo no podía atender sus necesidades, debido a la distancia y a mis obligaciones con mis hijos y por la escasez económica. El liderazgo de la iglesia a la que asistía se dividió y eso fue muy doloroso. Nuestra iglesia era un remanso de cuidado y atención. ¿Qué más te puedo decir? Mi suegra comenzó una lenta muerte terminal, debido a un cáncer de estómago que duró seis meses. Mi mejor amiga se mudó; ella era la compañera con quien compartía el té, una buena conversación y atendíamos juntas a nuestros hijos. Cada uno de mis preciosos hermanos había entrado en una enorme crisis.

Además de la suprema angustia emocional, mi estado mental tuvo que pasar una prueba propia. Era tal mi estado de ansiedad y pánico que tuve que ser internada en una institución para tratar la depresión. Era una joven madre de veintisiete años y nunca antes había padecido tal agotamiento producto del malestar mental. ¿Qué me estaba sucediendo? Estaba segura que el demonio estaba tratando de alejarme de Dios. (Romanos 8:31-39). Incapaz de comer o dormir, veía a la muerte moverse sigilosamente cerca de mí. Perdí la habilidad de prosperar y mi pesó comenzó a bajar. No encontraba consuelo en nada. En realidad estaba avergonzada y confusa. Lloraba incesantemente. Le rogaba a Dios que fuera misericordioso, que me rescatara de este agujero.

Me separaron de mi hijo de tres años y de mi esposo por catorce días, en los cuales estuve hospitalizada. El tiempo que estuve lejos de ellos me pareció una eternidad. Me aferré a los pasajes que mi madre me había enseñado en mi infancia, a las escrituras que había memorizado de la Biblia, las cuales escribí y que pegué en las paredes de mi habitación. Aprendí esta costumbre de colocar las escrituras frente a mí de Moisés cuando envío al pueblo a la tierra Prometida sin su liderazgo (ver Deuteronomio). La Palabra de Dios se convirtió en mi pan diario, yo me alimentaba de dichos pasajes para motivarme, deseando vivir.

Ahora entiendo que en aquellos días en los que estuve internada, fui torturada por las fuerzas demoníacas de las que se habla en Efesios. «Por último, fortalézcanse con el gran poder del Señor. Pónganse toda la armadura de Dios para que puedan hacer frente a las artimañas del diablo. Porque nuestra lucha no es contra seres humanos, sino contra poderes, contra autoridades, contra potestades que dominan este mundo de tinieblas, contra fuerzas espirituales malignas en las regiones celestiales» (Efesios 6:10-12). También Jesús fue tentado por el demonio; sin embargo, el repetir las escrituras salvó a Jesús. (ver la "Tentación del Hijo del Hombre" en Lucas 4:1-13).

Aunque salí del hospital de salud mental y apoyo, la depresión duró ocho l-a-r-g-o-s meses. Además, me estaba recuperando de una dolorosa lesión en mi espalda, conocida como ciática, que provocaba dolor en mi pierna derecha. Este era solo el inicio de muchas heridas profundas. Digamos que mis lágrimas me lavaron; algunos conocidos me llamaban Job (de la Biblia). Yo realmente deseaba el «cielo». Mis amigos me consideran una optimista, por ello el solo hecho de desear la eternidad resultaba peculiar en mí.

Como si la tribulación que enfrentaba no fuese suficientemente dolorosa, un líder cristiano me dijo que yo debía estar escondiendo un gran pecado (sí, todos pecamos, pero yo era bastante transparente con Dios). Supongo que Job, en el Antiguo Testamento, se sintió de la misma manera. «¡Tú bien sabes que no soy culpable y que de tus manos no tengo escapatoria!» (Job 10:7).

El sufrimiento es mal entendido. Por mi propia sanidad, estudiar la Biblia ha clarificado las verdades de la adversidad con sinceridad, pureza y humildad.

«Así mismo serán perseguidos todos los que quieran llevar una vida piadosa en Cristo Jesús» (2 Timoteo 3:12).

«Vengan, pongamos las cosas en claro —dice el Señor—. ¿Son sus pecados como escarlata? ¡Quedarán blancos como la nieve! ¿Son rojos como la púrpura? ¡Quedarán como la lana!» (Isaías 1:18).

«Si de Dios sabemos recibir lo bueno, ¿no sabremos también recibir lo malo?» (Job 2:10).

«No se inquieten por nada; más bien, en toda ocasión, con oración y ruego, presenten sus peticiones a Dios y denle gracias» (Filipenses 4:6).

Sin embargo, en mis horas de desesperanza, Dios me encontró ahí. Encontré a Dios todos los días porque le amaba y porque tengo una necesidad de él en mi vida. Yo tenía que conectarme con Dios; estaba muriendo por dentro. El Señor me dio un bello pasaje que lo llevo atado a mi memoria: «El Señor mismo marchará al frente de ti y estará contigo; nunca te dejará ni te abandonará. No temas ni te desanimes» (Deuteronomio 31:8). Este es mi versículo de vida, lo llevo conmigo dondequiera que vaya. Estas pruebas me forman como una cristiana madura. Dependo de él, incluso cuando las cosas parecen empeorar.

## Satanás engaña a todo el mundo~

Los desafíos traen consigo fe y profundizan nuestra dependencia en una relación con un Dios vivo que nos ama. No le haría ningún bien a nadie si no hiciera conocer que hubo y hay un enemigo que lucha en contra de los planes y propósitos de Dios para nuestras vidas; nos hace tropezar y nos confunde, trata de soltar el gancho que nos sostiene de Dios, que es la oración y la Santa Biblia.

«Practiquen el dominio propio y manténganse aler-

TA. SU ENEMIGO EL DIABLO RONDA COMO LEÓN RUGIENTE, BUSCANDO A QUIÉN DEVORAR» (1 PEDRO 5:8).

«ASÍ FUE EXPULSADO EL GRAN DRAGÓN, AQUELLA SERPIENTE ANTIGUA QUE SE LLAMA DIABLO Y SATANÁS, Y QUE ENGAÑA AL MUNDO ENTERO. JUNTO CON SUS ÁNGELES, FUE ARRO-JADO A LA TIERRA» (APOCALIPSIS 12:9).

No temas, amigo cristiano. Dios tiene control sobre todo. Sata-nás incluso tiene que pedir permiso para atacarnos (Job 1). No quiero adentrarme en complejidades sobre esto, sin embargo, sí quiero poner a tu disposición la paz ofrecida para todas las batallas que te enseñará a pelear y resistir. Veamos a la muy famosa «Armadura de Dios». Sí, cada día tenemos que ponérnosla y prepararnos para la batalla.

«PÓNGANSE TODA LA ARMADURA DE DIOS PARA QUE PUE-DAN HACER FRENTE A LAS ARTIMAÑAS DEL DIABLO. PORQUE NUESTRA LUCHA NO ES CONTRA SERES HUMANOS, SINO CONTRA PODERES, CONTRA AUTORIDADES, CONTRA POTES-TADES QUE DOMINAN ESTE MUNDO DE TINIEBLAS, CONTRA FUERZAS ESPIRITUALES MALIGNAS EN LAS REGIONES CELES-TIALES. POR LO TANTO, PÓNGANSE TODA LA ARMADURA DE DIOS, PARA QUE CUANDO LLEGUE EL DÍA MALO PUEDAN RESISTIR HASTA EL FIN CON FIRMEZA. MANTÉNGANSE FIR-MES, CEÑIDOS CON EL CINTURÓN DE LA VERDAD, PROTE-GIDOS POR LA CORAZA DE JUSTICIA, Y CALZADOS CON LA DISPOSICIÓN DE PROCLAMAR EL EVANGELIO DE LA PAZ. ADEMÁS DE TODO ESTO, TOMEN EL ESCUDO DE LA FE, CON EL CUAL PUEDEN APAGAR TODAS LAS FLECHAS ENCENDI-DAS DEL MALIGNO. TOMEN EL CASCO DE LA SALVACIÓN Y LA ESPADA DEL ESPÍRITU, QUE ES LA PALABRA DE DIOS» (EFESIOS 6:11-17).

Nos preparamos todos los días de la vida para luchar contra las estratagemas de Satanás. Una oración no puede cubrirnos toda la vida. Repetir un versículo no es suficiente. Aislarnos sin la comunión en Cristo con otros creyentes para apoyarnos y aconsejarnos, es simplemente irra-cional. «Sin dirección, la nación fracasa; el éxito depende de los muchos consejeros» (Proverbios 11:14). «Cuando falta el consejo, fracasan los planes; cuando abunda el consejo, prosperan» (Proverbios 15:22).

Nuestro propósito es construir una relación en Cristo. ¡Hazlo diariamente! Imagínatelo, me aferro a la Biblia, estoy desesperada por Jesús. Le ruego a Dios que me permita advertir a otros en el mundo del demonio que nos rodea e inspirarles con la esperanza, el poder de la oración y la lectura diaria y consistente de la Biblia. Yo tengo un dulce y sincero temor de Dios.

## Atrévete a hacer una oración en «grande»~

Tengo más que decir, que conmoverá al más terco e infiel. En noviembre 26 de 1991, Dios nos bendijo con otro hijo, ¡sí! Austin era su nombre, le pusimos así por los famosos autos Aston Martin. (El nombre de mi otro hijo es Morgan y las iniciales de mi esposo son B.M.W. ¡Nos encantan los autos!) Volviendo a la prueba personal que mencioné, en 1992 los problemas siguieron llegando. Por mi sanidad y mi sobreviven-cia, por decisión propia, me coloqué la armadura de Dios mencionada en Efesios 6:11-17, todos los días. Tenía que hacerlo. Solo tenía veinti-siete años. Aunque mis piernas tambaleaban y mi corazón latía un poco más rápido, no me iba a rendir.

«Pues Dios no nos ha dado un espíritu de timidez, sino de poder, de amor y de dominio propio» (2 Timoteo 1:7). Dios nos llama no para ser tímidos sino seguros en él, incluso cuando todo parezca perdido.

En esta adversidad, yo recordé la historia bíblica del Antiguo y Nuevo Testamento y las historias narradas por nuestros antepasados. Me convertí en una estudiosa de la Biblia. Eso me dio fe. Esos relatos bíbli-cos no son cuentos de hadas, sino verdades de mis hermanos y herma-nas de antaño.

«En Egipto viste la aflicción de nuestros padres; junto al Mar Rojo escuchaste sus lamentos. Lanzas-te grandes señales y maravillas contra el faraón, sus siervos y toda su gente, porque viste la inso-lencia con que habían tratado a tu pueblo. Fue así como te ganaste la buena fama que hoy tienes» (Nehemías 9:9-10).

«Tú no los abandonaste en el desierto porque eres muy compasivo. Jamás se apartó de ellos la columna

DE NUBE QUE LOS GUIABA DE DÍA POR EL CAMINO; NI DEJÓ
DE ALUMBRARLOS LA COLUMNA DE FUEGO QUE DE NOCHE
LES MOSTRABA POR DÓNDE IR. CON TU BUEN ESPÍRITU LES
DISTE ENTENDIMIENTO. NO LES QUITASTE TU MANÁ DE LA
BOCA; LES DISTE AGUA PARA CALMAR SU SED. CUARENTA
AÑOS LOS SUSTENTASTE EN EL DESIERTO. ¡NADA LES FALTÓ!»
(NEHEMÍAS 9:19-21).

El mundo debe saber que en febrero de 1992, mi hijo de tres meses de edad quedó irreversiblemente ciego debido al glaucoma, no había cirugía que pudiera ayudarle. Una capa blanca cubrió sus ojos. La presión del ojo alcanzó su máximo punto en cincuenta (el rango normal es entre nueve y quince), dañando los nervios y ojos permanentemente. Como resultado, llegó la ceguera. Tenía una de dos opciones cuando me informaron: o dependía de mi débil y sin esperanza humanidad, o me aferraba de la mano derecha de un poderoso Dios.

Mientras estábamos en la sala de espera del hospital, mi familia fue informada por el mejor especialista en glaucoma de la nación y un excelente equipo de oftalmólogos de esta pesada carga. Mi familia, mi esposo y yo estábamos sufriendo por la pérdida de visión de nuestro hijo. Los cirujanos nos hablaban de los magníficos sistemas de apoyo e institutos para ciegos. Ellos nos aseguraron que Austin se adaptaría al igual que la familia. No recuerdo más. Mi garganta se obstruyó. Derramé hasta la última lágrima que me quedaba. Estoy segura que hubo oraciones, apoyo y muchos abrazos. La gente que me rodeaba se fue. Mi mente quedo completamente débil.

Esa noche pasé con Austin en la habitación del hospital. Incluso en mi desesperación, estaba segura de que Dios estaba en medio de esto. Me consolaba diciendo: «Mi Señor no me dejará sola». Había un propósito. Estaba segura de lo desconocido. ¿De dónde provenía esta paz? ¡Del Espíritu Santo! «En cambio, el fruto del Espíritu es amor, alegría, paz, paciencia, amabilidad, bondad, fidelidad, humildad y dominio propio. No hay ley que condene estas cosas. Los que son de Cristo Jesús han crucificado la naturaleza pecaminosa, con sus pasiones y deseos. Si el Espíritu nos da vida, andemos guiados por el Espíritu» (Gálatas 5:22-25).

## UNA ÚLTIMA SÚPLICA A DIOS~

No recuerdo haber conciliado el sueño esa noche en el hospital.

Solo recuerdo haber arropado a nuestro bebé de tres meses, que dormía pacíficamente en la cuna del hospital (yo quería desesperadamente arrastrarme sobre las barras de metal que nos separaban).Ese era mi hijo. Yo era su único abogado. Hice una última súplica a Dios por Austin, rogándole que nos ayude a pelear contra el enemigo y sane a mi hijo.

Un pensamiento cruzó mi mente: recordé cómo Jesús caminaba por la tierra sanando a los enfermos, cojos y ciegos (Marcos 8:22-26). Nuestro Señor dijo que él nos dejaba esas mismas herramientas a través del Espíritu Santo (Ver Mateo, Marcos, Lucas, Juan y el libro de Hechos, referentes a la vida de Jesús y otros temas). Si la palabra de Dios es verdad (¡y lo es! Ver Juan 1:1) y yo creía en el poder proveniente de una todopoderosa fuente, debía hacer una oración por un pequeñín, Austin, quien no podía hablar por sí mismo.

*Murmuré una oración sencilla: «Señor, si este niño va a usar su vida en entretenimientos malsanos y poco fructíferos, tales como la pornografía o el pecado que afectarán negativamente al Reino de Dios, quítale su vista. Pero si no hay una causa para que el niño esté ciego, te pido que le unjas y sanes». Yo hice el símbolo de la cruz en la frente de Austin y le besé tiernamente en su mejilla.*

«PONDRÁN LAS MANOS SOBRE LOS ENFERMOS, Y ÉSTOS RECOBRARÁN LA SALUD» (MARCOS 16:18).

La mañana llegó rápidamente. Me sentía descansada en medio del trauma que estaba viviendo. El doctor entró velozmente a la habitación, haciendo su ronda de visita a los pacientes bajo su cuidado. Dormí toda la noche en un sofá cama. Atendiendo al pedido de los especialistas, di un brinco junto a la cuna. El doctor y yo nos inclinamos sobre las barandas de la cuna, fijando nuestros ojos en el niño que dormía pacíficamente. Era un momento tranquilo, como si la presencia de mi Señor nos cubriese.

El oftalmólogo susurró delicadamente: «*Austin, despierta*».

El pequeño cuerpo de Austin se estiró suavemente al despertarse de una noche de buen sueño. Con el poder y fuerza que solo un Dios vivo y amoroso puede tener, nuestro Señor le dio vista a este niño. Austin echó una mirada, deliberada y lentamente, a través de la habitación, girando su cabeza hacia la mía. Él me miró a los ojos y sonrió. Para mi asombro, los hermosos ojos color avellana de mi hijo, brillaron. El blanco que se había formado sobre sus ojos había desaparecido.

El dolor que la exposición a la luz producía se había ido. Las vías intravenosas se desvanecieron de su indefenso cuerpo con piel de porcelana. Yo había visto el milagro de Dios en nuestra existencia carnal.

La vista de Austin inició un proceso de restauración. Atesoraré ese momento para siempre. No hay términos terrenales que puedan expresar mi regocijo. ¡Jesús está vivo! Este acto de súplica había comenzado a cambiar mi forma de pensar sobre la oración: (1) pide con fe, sin dudar, (2) atrévete a pedirle a Dios, y (3) pide por las razones adecuadas. Esto iba a formar un paradigma que cambiaría mi vida de oración. Estaba orientada a una verdad bíblica.

«¡TU FE TE HA SANADO! —LE DIJO JESÚS—. VETE EN PAZ Y QUEDA SANA DE TU AFLICCIÓN» (MARCOS 5:34).

A medida que oro, Dios continúa sanando la visión de mi hijo año tras año. En mayo de 2005, a Austin le colocaron lentes de contacto duros. Por primera vez en su vida, era capaz de ver 20/20. Con los nuevos seguros de salud, llegaron nuevas preguntas y evaluaciones. Los oftalmólogos no ven daño alguno en los nervios con sus equipos del siglo XXI. Es como si nunca hubiera pasado nada. Sigo asombrada por la generosidad de Dios. ¡Nosotros no merecemos nada!

## PLANES PARA DARTE ESPERANZA Y UN FUTURO~

Al estudiar la Biblia con disciplina, he encontrado algunos versículos interesantes. Cuando comencé mi caminar en la fe leyendo desde el Antiguo hasta el Nuevo Testamento, descubrí preciados versículos que nunca antes había escuchado. Era como si Dios me hubiese entregado una pequeña caja envuelta exclusivamente para mí.

Éxodo 4:11 añade: «¿Y quién le puso la boca al hombre? —le respondió el SEÑOR—. ¿Acaso no soy yo, el SEÑOR, quien lo hace sordo o mudo, quien le da la vista o se la quita?»

Me gusta esta historia personal y espero pasar a los demás la esperanza que ella conlleva y alentar a aquellos que necesitan ánimo e inspiración. «Para mí el bien es estar cerca de Dios, para contar todas sus obras» (Salmos 73:28).

Por favor amigos, atrévanse a hacer oraciones en «GRANDE». Las oraciones de súplica no siempre son respondidas en la manera en la que queremos, pero sí son contestadas. Dios tiene una visión más grande; sus caminos no son nuestros caminos.

«Porque yo sé muy bien los planes que tengo para ustedes —afirma el Señor—, planes de bienestar y no de calamidad, a fin de darles un futuro y una esperanza» (Jeremías 29:11).

Entramos a este mundo sin nada y saldremos de la misma manera: «Desnudo salí del vientre de mi madre, y desnudo he de partir. El Señor ha dado; el Señor ha quitado. ¡Bendito sea el nombre del Señor!» (Job 1:21).

¿Necesitas hacer una «oración en grande» a Dios? (1) pide con fe, sin dudar, (2) atrévete a pedirle a Dios, y (3) pide por las razones adecuadas. Se le llama un paradigma de cambio en la oración. No todas las oraciones serán respondidas cuando pensamos limitar a Dios. Pasa tiempo con él y ora para que se haga su voluntad.

«Escucha, Señor, mi oración; llegue a ti mi clamor. No escondas de mí tu rostro cuando me encuentro angustiado» (Salmos 102:1-2).

# El Padrenuestro

JESÚS DIJO:

USTEDES DEBEN ORAR ASÍ:

«Padre nuestro que estás en el cielo,
santificado sea tu nombre,
venga tu reino,
hágase tu voluntad
en la tierra como en el cielo.
Danos hoy nuestro pan cotidiano.
Perdónanos nuestras deudas,
como también nosotros hemos
perdonado a nuestros deudores.
Y no nos dejes caer en tentación,
sino líbranos del maligno».

# PÁGINAS del DIARIO

FECHA: _____/_____/_____

Señala el día de la semana:  L   M   M   J   V   S   D

ADORACIÓN   Te amo Jesús. Te alabo por ser…

............................................................................................................

............................................................................................................

............................................................................................................

............................................................................................................

............................................................................................................

CONFESIÓN   Lo siento Señor. Perdóname por…

............................................................................................................

............................................................................................................

............................................................................................................

............................................................................................................

............................................................................................................

TIEMPO PARA AGRADECER   Padre, estoy agradecido. Gracias por…

............................................................................................................

............................................................................................................

............................................................................................................

............................................................................................................

............................................................................................................

ORA EN SÚPLICA   Jesús, tú provees todas mis necesidades. Oro por…

............................................................................................................

............................................................................................................

............................................................................................................

............................................................................................................

............................................................................................................

«ENSEÑÁNDOLES A OBEDECER TODO LO QUE LES HE MAN-
DADO A USTEDES. Y LES ASEGURO QUE ESTARÉ CON USTE-
DES SIEMPRE, HASTA EL FIN DEL MUNDO» (MATEO 28:20).

# DÍA: 1

Material extra para hablar con Dios… Auto-reflexión… ¿Qué te está diciendo Dios?

..................................................................................................

..................................................................................................

..................................................................................................

..................................................................................................

..................................................................................................

..................................................................................................

..................................................................................................

..................................................................................................

..................................................................................................

..................................................................................................

..................................................................................................

..................................................................................................

..................................................................................................

..................................................................................................

..................................................................................................

..................................................................................................

..................................................................................................

..................................................................................................

..................................................................................................

..................................................................................................

SEÑOR, HÁGASE TU VOLUNTAD. AMÉN

Responsabilidad: ¿Qué libro y capítulo (s) leíste hoy?

..................................................................................................

...........................................

Tu Firma

FECHA: \_\_\_\_\_/\_\_\_\_\_/\_\_\_\_\_

Señala el día de la semana:   L   M   M   J   V   S   D

## ADORACIÓN   Te amo Jesús. Te alabo por ser...

..............................................................................................................

..............................................................................................................

..............................................................................................................

..............................................................................................................

..............................................................................................................

## CONFESIÓN   Lo siento Señor. Perdóname por...

..............................................................................................................

..............................................................................................................

..............................................................................................................

..............................................................................................................

..............................................................................................................

## TIEMPO PARA AGRADECER   Padre, estoy agradecido. Gracias por...

..............................................................................................................

..............................................................................................................

..............................................................................................................

..............................................................................................................

..............................................................................................................

## ORA EN SÚPLICA   Jesús, tú provees todas mis necesidades. Oro por...

..............................................................................................................

..............................................................................................................

..............................................................................................................

..............................................................................................................

..............................................................................................................

«EN EL HOGAR DE MI PADRE HAY MUCHAS VIVIENDAS; SI NO FUERA ASÍ, YA SE LO HABRÍA DICHO A USTEDES. VOY A PREPARARLES UN LUGAR» (JUAN 14:2).

# DÍA: 2

Material extra para hablar con Dios… Auto-reflexión… ¿Qué te está diciendo Dios?

.................................................................................................................

.................................................................................................................

.................................................................................................................

.................................................................................................................

.................................................................................................................

.................................................................................................................

.................................................................................................................

.................................................................................................................

.................................................................................................................

.................................................................................................................

.................................................................................................................

.................................................................................................................

.................................................................................................................

.................................................................................................................

.................................................................................................................

.................................................................................................................

.................................................................................................................

.................................................................................................................

.................................................................................................................

## SEÑOR, HÁGASE TU VOLUNTAD. AMÉN

Responsabilidad: ¿Qué libro y capítulo (s) leíste hoy?

.................................................................................................................

.................................................................
Tu Firma

FECHA: _____/_____/_____

Señala el día de la semana:   L   M   M   J   V   S   D

## ADORACIÓN   Te amo Jesús. Te alabo por ser…

..............................................................................................................

..............................................................................................................

..............................................................................................................

..............................................................................................................

..............................................................................................................

## CONFESIÓN   Lo siento Señor. Perdóname por…

..............................................................................................................

..............................................................................................................

..............................................................................................................

..............................................................................................................

..............................................................................................................

## TIEMPO PARA AGRADECER   Padre, estoy agradecido. Gracias por…

..............................................................................................................

..............................................................................................................

..............................................................................................................

..............................................................................................................

..............................................................................................................

## ORA EN SÚPLICA   Jesús, tú provees todas mis necesidades. Oro por…

..............................................................................................................

..............................................................................................................

..............................................................................................................

..............................................................................................................

..............................................................................................................

«SÉ LO QUE ES VIVIR EN LA POBREZA, Y LO QUE ES VIVIR EN LA ABUNDANCIA. HE APRENDIDO A VIVIR EN TODAS Y CADA UNA DE LAS CIRCUNSTANCIAS» (FILIPENSES 4:12).

# DÍA: 3

Material extra para hablar con Dios… Auto-reflexión… ¿Qué te está diciendo Dios?

........................................................................................
........................................................................................
........................................................................................
........................................................................................
........................................................................................
........................................................................................
........................................................................................
........................................................................................
........................................................................................
........................................................................................
........................................................................................
........................................................................................
........................................................................................
........................................................................................
........................................................................................
........................................................................................
........................................................................................
........................................................................................
........................................................................................

SEÑOR, HÁGASE TU VOLUNTAD. AMÉN

Responsabilidad: ¿Qué libro y capítulo (s) leíste hoy?

........................................................................................
........................................................

Tu Firma

FECHA: _____/_____/_____

Señala el día de la semana:   L   M   M   J   V   S   D

## ADORACIÓN   Te amo Jesús. Te alabo por ser…

.......................................................................................................................

.......................................................................................................................

.......................................................................................................................

.......................................................................................................................

.......................................................................................................................

## CONFESIÓN   Lo siento Señor. Perdóname por…

.......................................................................................................................

.......................................................................................................................

.......................................................................................................................

.......................................................................................................................

.......................................................................................................................

## TIEMPO PARA AGRADECER   Padre, estoy agradecido. Gracias por…

.......................................................................................................................

.......................................................................................................................

.......................................................................................................................

.......................................................................................................................

.......................................................................................................................

## ORA EN SÚPLICA   Jesús, tú provees todas mis necesidades. Oro por…

.......................................................................................................................

.......................................................................................................................

.......................................................................................................................

.......................................................................................................................

.......................................................................................................................

«Yo soy el que por amor a mí mismo borra tus transgresiones y no se acuerda más de tus pecados» (Isaías
43:25).

# DÍA: 4

Material extra para hablar con Dios… Auto-reflexión… ¿Qué te está
diciendo Dios?

................................................................................................................

................................................................................................................

................................................................................................................

................................................................................................................

................................................................................................................

................................................................................................................

................................................................................................................

................................................................................................................

................................................................................................................

................................................................................................................

................................................................................................................

................................................................................................................

................................................................................................................

................................................................................................................

................................................................................................................

................................................................................................................

................................................................................................................

................................................................................................................

................................................................................................................

................................................................................................................

Señor, hágase tu voluntad. Amén

Responsabilidad: ¿Qué libro y capítulo (s) leíste hoy?

................................................................................................................

........................................................

Tu Firma

FECHA: _____/_____/_____

Señala el día de la semana:   L   M   M   J   V   S   D

## ADORACIÓN   Te amo Jesús. Te alabo por ser...

.......................................................................................................................

.......................................................................................................................

.......................................................................................................................

.......................................................................................................................

.......................................................................................................................

## CONFESIÓN   Lo siento Señor. Perdóname por...

.......................................................................................................................

.......................................................................................................................

.......................................................................................................................

.......................................................................................................................

.......................................................................................................................

## TIEMPO PARA AGRADECER   Padre, estoy agradecido. Gracias por...

.......................................................................................................................

.......................................................................................................................

.......................................................................................................................

.......................................................................................................................

.......................................................................................................................

## ORA EN SÚPLICA   Jesús, tú provees todas mis necesidades. Oro por...

.......................................................................................................................

.......................................................................................................................

.......................................................................................................................

.......................................................................................................................

.......................................................................................................................

«En él tenemos la redención mediante su sangre, el perdón de nuestros pecados, conforme a las riquezas de la gracia» (Efesios 1:7).

# DÍA: 5

Material extra para hablar con Dios… Auto-reflexión… ¿Qué te está diciendo Dios?

........................................................................................

........................................................................................

........................................................................................

........................................................................................

........................................................................................

........................................................................................

........................................................................................

........................................................................................

........................................................................................

........................................................................................

........................................................................................

........................................................................................

........................................................................................

........................................................................................

........................................................................................

........................................................................................

........................................................................................

........................................................................................

........................................................................................

........................................................................................

## Señor, hágase tu voluntad. Amén

Responsabilidad: ¿Qué libro y capítulo (s) leíste hoy?

........................................................................................

...........................................

Tu Firma

FECHA: _____/_____/_____

Señala el día de la semana:  L   M   M   J   V   S   D

## ADORACIÓN   Te amo Jesús. Te alabo por ser…

........................................................................................................

........................................................................................................

........................................................................................................

........................................................................................................

........................................................................................................

## CONFESIÓN   Lo siento Señor. Perdóname por…

........................................................................................................

........................................................................................................

........................................................................................................

........................................................................................................

........................................................................................................

## TIEMPO PARA AGRADECER   Padre, estoy agradecido. Gracias por…

........................................................................................................

........................................................................................................

........................................................................................................

........................................................................................................

........................................................................................................

## ORA EN SÚPLICA   Jesús, tú provees todas mis necesidades. Oro por…

........................................................................................................

........................................................................................................

........................................................................................................

........................................................................................................

........................................................................................................

«MÁS BIEN, BUSQUEN PRIMERAMENTE EL REINO DE DIOS Y SU JUSTICIA, Y TODAS ESTAS COSAS LES SERÁN AÑADIDAS» (MATEO 6:33).

# DÍA: 6

Material extra para hablar con Dios… Auto-reflexión… ¿Qué te está diciendo Dios?

...................................................................................................

...................................................................................................

...................................................................................................

...................................................................................................

...................................................................................................

...................................................................................................

...................................................................................................

...................................................................................................

...................................................................................................

...................................................................................................

...................................................................................................

...................................................................................................

...................................................................................................

...................................................................................................

...................................................................................................

...................................................................................................

...................................................................................................

...................................................................................................

...................................................................................................

## SEÑOR, HÁGASE TU VOLUNTAD. AMÉN

Responsabilidad: ¿Qué libro y capítulo (s) leíste hoy?

...................................................................................................

.............................................

Tu Firma

FECHA: _____/_____/_____

Señala el día de la semana:   L   M   M   J   V   S   D

## ADORACIÓN   Te amo Jesús. Te alabo por ser…

..........................................................................................................
..........................................................................................................
..........................................................................................................
..........................................................................................................
..........................................................................................................

## CONFESIÓN   Lo siento Señor. Perdóname por…

..........................................................................................................
..........................................................................................................
..........................................................................................................
..........................................................................................................
..........................................................................................................

## TIEMPO PARA AGRADECER   Padre, estoy agradecido. Gracias por…

..........................................................................................................
..........................................................................................................
..........................................................................................................
..........................................................................................................
..........................................................................................................

## ORA EN SÚPLICA   Jesús, tú provees todas mis necesidades. Oro por…

..........................................................................................................
..........................................................................................................
..........................................................................................................
..........................................................................................................
..........................................................................................................

«USTEDES SON LA LUZ DEL MUNDO. UNA CIUDAD EN LO ALTO DE UNA COLINA NO PUEDE ESCONDERSE» (MATEO 5:14).

# DÍA: 7

Material extra para hablar con Dios… Auto-reflexión… ¿Qué te está diciendo Dios?

.................................................................................................
.................................................................................................
.................................................................................................
.................................................................................................
.................................................................................................
.................................................................................................
.................................................................................................
.................................................................................................
.................................................................................................
.................................................................................................
.................................................................................................
.................................................................................................
.................................................................................................
.................................................................................................
.................................................................................................
.................................................................................................
.................................................................................................
.................................................................................................
.................................................................................................
.................................................................................................

## SEÑOR, HÁGASE TU VOLUNTAD. AMÉN

Responsabilidad: ¿Qué libro y capítulo (s) leíste hoy?

.................................................................................................

........................................

Tu Firma

FECHA: _____/_____/_____

Señala el día de la semana:   L   M   M   J   V   S   D

## ADORACIÓN   Te amo Jesús. Te alabo por ser…

..............................................................................................................
..............................................................................................................
..............................................................................................................
..............................................................................................................
..............................................................................................................

## CONFESIÓN   Lo siento Señor. Perdóname por…

..............................................................................................................
..............................................................................................................
..............................................................................................................
..............................................................................................................
..............................................................................................................

## TIEMPO PARA AGRADECER   Padre, estoy agradecido. Gracias por…

..............................................................................................................
..............................................................................................................
..............................................................................................................
..............................................................................................................
..............................................................................................................

## ORA EN SÚPLICA   Jesús, tú provees todas mis necesidades. Oro por…

..............................................................................................................
..............................................................................................................
..............................................................................................................
..............................................................................................................
..............................................................................................................

«TODA BUENA DÁDIVA Y TODO DON PERFECTO DESCIEN-
DEN DE LO ALTO» (SANTIAGO 1:17).

# DÍA: 8

Material extra para hablar con Dios… Auto-reflexión… ¿Qué te está
diciendo Dios?

........................................................................................................................

........................................................................................................................

........................................................................................................................

........................................................................................................................

........................................................................................................................

........................................................................................................................

........................................................................................................................

........................................................................................................................

........................................................................................................................

........................................................................................................................

........................................................................................................................

........................................................................................................................

........................................................................................................................

........................................................................................................................

........................................................................................................................

........................................................................................................................

........................................................................................................................

........................................................................................................................

........................................................................................................................

SEÑOR, HÁGASE TU VOLUNTAD. AMÉN

Responsabilidad: ¿Qué libro y capítulo (s) leíste hoy?

........................................................................................................................

........................................................

Tu Firma

FECHA: _____/_____/_____

Señala el día de la semana:   L   M   M   J   V   S   D

## ADORACIÓN   Te amo Jesús. Te alabo por ser…

......................................................................................................

......................................................................................................

......................................................................................................

......................................................................................................

......................................................................................................

## CONFESIÓN   Lo siento Señor. Perdóname por…

......................................................................................................

......................................................................................................

......................................................................................................

......................................................................................................

......................................................................................................

## TIEMPO PARA AGRADECER   Padre, estoy agradecido. Gracias por…

......................................................................................................

......................................................................................................

......................................................................................................

......................................................................................................

......................................................................................................

## ORA EN SÚPLICA   Jesús, tú provees todas mis necesidades. Oro por…

......................................................................................................

......................................................................................................

......................................................................................................

......................................................................................................

......................................................................................................

«POR LO TANTO, SI ALGUNO ESTÁ EN CRISTO, ES UNA NUEVA CREACIÓN. ¡LO VIEJO HA PASADO, HA LLEGADO YA LO NUEVO!» (2 CORINTIOS 5:17).

# DÍA: 9

Material extra para hablar con Dios… Auto-reflexión… ¿Qué te está diciendo Dios?

...........................................................................................................

...........................................................................................................

...........................................................................................................

...........................................................................................................

...........................................................................................................

...........................................................................................................

...........................................................................................................

...........................................................................................................

...........................................................................................................

...........................................................................................................

...........................................................................................................

...........................................................................................................

...........................................................................................................

...........................................................................................................

...........................................................................................................

...........................................................................................................

...........................................................................................................

...........................................................................................................

...........................................................................................................

...........................................................................................................

...........................................................................................................

## SEÑOR, HÁGASE TU VOLUNTAD. AMÉN

Responsabilidad: ¿Qué libro y capítulo (s) leíste hoy?

...........................................................................................................

............................................

Tu Firma

FECHA: _____/_____/_____

Señala el día de la semana:   L   M   M   J   V   S   D

## ADORACIÓN   Te amo Jesús. Te alabo por ser...

.............................................................................................

.............................................................................................

.............................................................................................

.............................................................................................

.............................................................................................

## CONFESIÓN   Lo siento Señor. Perdóname por...

.............................................................................................

.............................................................................................

.............................................................................................

.............................................................................................

.............................................................................................

## TIEMPO PARA AGRADECER   Padre, estoy agradecido. Gracias por...

.............................................................................................

.............................................................................................

.............................................................................................

.............................................................................................

.............................................................................................

## ORA EN SÚPLICA   Jesús, tú provees todas mis necesidades. Oro por...

.............................................................................................

.............................................................................................

.............................................................................................

.............................................................................................

.............................................................................................

«QUE EL DIOS DE LA ESPERANZA LOS LLENE DE TODA ALEGRÍA Y PAZ A USTEDES QUE CREEN EN ÉL, PARA QUE REBOSEN DE ESPERANZA POR EL PODER DEL ESPÍRITU SANTO» (ROMANOS 15:13).

# DÍA: 10

Material extra para hablar con Dios… Auto-reflexión… ¿Qué te está diciendo Dios?

..............................................................................................

..............................................................................................

..............................................................................................

..............................................................................................

..............................................................................................

..............................................................................................

..............................................................................................

..............................................................................................

..............................................................................................

..............................................................................................

..............................................................................................

..............................................................................................

..............................................................................................

..............................................................................................

..............................................................................................

..............................................................................................

..............................................................................................

..............................................................................................

..............................................................................................

## SEÑOR, HÁGASE TU VOLUNTAD. AMÉN

Responsabilidad: ¿Qué libro y capítulo (s) leíste hoy?

..............................................................................................

........................................................
Tu Firma

FECHA: _____/_____/_____

Señala el día de la semana:   L   M   M   J   V   S   D

ADORACIÓN   Te amo Jesús. Te alabo por ser…

.............................................................................................................

.............................................................................................................

.............................................................................................................

.............................................................................................................

.............................................................................................................

CONFESIÓN   Lo siento Señor. Perdóname por…

.............................................................................................................

.............................................................................................................

.............................................................................................................

.............................................................................................................

.............................................................................................................

TIEMPO PARA AGRADECER   Padre, estoy agradecido. Gracias por…

.............................................................................................................

.............................................................................................................

.............................................................................................................

.............................................................................................................

.............................................................................................................

ORA EN SÚPLICA   Jesús, tú provees todas mis necesidades. Oro por…

.............................................................................................................

.............................................................................................................

.............................................................................................................

.............................................................................................................

.............................................................................................................

«VENGAN A MÍ TODOS USTEDES QUE ESTÁN CANSADOS Y AGOBIADOS, Y YO LES DARÉ DESCANSO» (MATEO 11:28).

# DÍA: 11

Material extra para hablar con Dios... Auto-reflexión... ¿Qué te está diciendo Dios?

..................................................................................................................

..................................................................................................................

..................................................................................................................

..................................................................................................................

..................................................................................................................

..................................................................................................................

..................................................................................................................

..................................................................................................................

..................................................................................................................

..................................................................................................................

..................................................................................................................

..................................................................................................................

..................................................................................................................

..................................................................................................................

..................................................................................................................

..................................................................................................................

..................................................................................................................

..................................................................................................................

SEÑOR, HÁGASE TU VOLUNTAD. AMÉN

Responsabilidad: ¿Qué libro y capítulo (s) leíste hoy?

..................................................................................................................

........................................................

Tu Firma

FECHA: \_\_\_\_\_/\_\_\_\_\_/\_\_\_\_\_

Señala el día de la semana:    L    M    M    J    V    S    D

## Aᴅᴏʀᴀᴄɪóɴ   Te amo Jesús. Te alabo por ser…

..............................................................................................
..............................................................................................
..............................................................................................
..............................................................................................
..............................................................................................

## Cᴏɴғᴇsɪóɴ   Lo siento Señor. Perdóname por…

..............................................................................................
..............................................................................................
..............................................................................................
..............................................................................................
..............................................................................................

## Tɪᴇᴍᴘᴏ ᴘᴀʀᴀ ᴀɢʀᴀᴅᴇᴄᴇʀ   Padre, estoy agradecido. Gracias por…

..............................................................................................
..............................................................................................
..............................................................................................
..............................................................................................
..............................................................................................

## Oʀᴀ ᴇɴ súᴘʟɪᴄᴀ   Jesús, tú provees todas mis necesidades. Oro por…

..............................................................................................
..............................................................................................
..............................................................................................
..............................................................................................
..............................................................................................

«Yo les he dicho estas cosas para que en mí hallen paz. En este mundo afrontarán aflicciones, pero ¡anímense! Yo he vencido al mundo» (Juan 16:33).

# DÍA: 12

Material extra para hablar con Dios… Auto-reflexión… ¿Qué te está diciendo Dios?

..............................................................................................................

..............................................................................................................

..............................................................................................................

..............................................................................................................

..............................................................................................................

..............................................................................................................

..............................................................................................................

..............................................................................................................

..............................................................................................................

..............................................................................................................

..............................................................................................................

..............................................................................................................

..............................................................................................................

..............................................................................................................

..............................................................................................................

..............................................................................................................

..............................................................................................................

..............................................................................................................

..............................................................................................................

..............................................................................................................

..............................................................................................................

## Señor, hágase tu voluntad. Amén

Responsabilidad: ¿Qué libro y capítulo (s) leíste hoy?

..............................................................................................................

................................................

Tu Firma

FECHA: _____/_____/_____

Señala el día de la semana:   L   M   M   J   V   S   D

ADORACIÓN   Te amo Jesús. Te alabo por ser...

......................................................................................................................

......................................................................................................................

......................................................................................................................

......................................................................................................................

......................................................................................................................

CONFESIÓN   Lo siento Señor. Perdóname por...

......................................................................................................................

......................................................................................................................

......................................................................................................................

......................................................................................................................

......................................................................................................................

TIEMPO PARA AGRADECER   Padre, estoy agradecido. Gracias por...

......................................................................................................................

......................................................................................................................

......................................................................................................................

......................................................................................................................

......................................................................................................................

ORA EN SÚPLICA   Jesús, tú provees todas mis necesidades. Oro por...

......................................................................................................................

......................................................................................................................

......................................................................................................................

......................................................................................................................

......................................................................................................................

«POR ESO, CONFIÉSENSE UNOS A OTROS SUS PECADOS, Y OREN UNOS POR OTROS, PARA QUE SEAN SANADOS. LA ORACIÓN DEL JUSTO ES PODEROSA Y EFICAZ» (SANTIAGO 5:16).

# DÍA: 13

Material extra para hablar con Dios… Auto-reflexión… ¿Qué te está diciendo Dios?

.................................................................................................
.................................................................................................
.................................................................................................
.................................................................................................
.................................................................................................
.................................................................................................
.................................................................................................
.................................................................................................
.................................................................................................
.................................................................................................
.................................................................................................
.................................................................................................
.................................................................................................
.................................................................................................
.................................................................................................
.................................................................................................
.................................................................................................
.................................................................................................
.................................................................................................

## SEÑOR, HÁGASE TU VOLUNTAD. AMÉN

Responsabilidad: ¿Qué libro y capítulo (s) leíste hoy?

.................................................................................................
.........................................

Tu Firma

FECHA: _____/_____/_____

Señala el día de la semana:   L   M   M   J   V   S   D

## ADORACIÓN   Te amo Jesús. Te alabo por ser...

..............................................................................................................
..............................................................................................................
..............................................................................................................
..............................................................................................................
..............................................................................................................

## CONFESIÓN   Lo siento Señor. Perdóname por...

..............................................................................................................
..............................................................................................................
..............................................................................................................
..............................................................................................................
..............................................................................................................

## TIEMPO PARA AGRADECER   Padre, estoy agradecido. Gracias por...

..............................................................................................................
..............................................................................................................
..............................................................................................................
..............................................................................................................
..............................................................................................................

## ORA EN SÚPLICA   Jesús, tú provees todas mis necesidades. Oro por...

..............................................................................................................
..............................................................................................................
..............................................................................................................
..............................................................................................................
..............................................................................................................

«HERMANOS MÍOS, CONSIDÉRENSE MUY DICHOSOS CUAN-
DO TENGAN QUE ENFRENTARSE CON DIVERSAS PRUEBAS»
(SANTIAGO 1:2).

# DÍA: 14

Material extra para hablar con Dios… Auto-reflexión… ¿Qué te está
diciendo Dios?

...........................................................................................................

...........................................................................................................

...........................................................................................................

...........................................................................................................

...........................................................................................................

...........................................................................................................

...........................................................................................................

...........................................................................................................

...........................................................................................................

...........................................................................................................

...........................................................................................................

...........................................................................................................

...........................................................................................................

...........................................................................................................

...........................................................................................................

...........................................................................................................

...........................................................................................................

...........................................................................................................

...........................................................................................................

...........................................................................................................

SEÑOR, HÁGASE TU VOLUNTAD. AMÉN

Responsabilidad: ¿Qué libro y capítulo (s) leíste hoy?

...........................................................................................................

.............................................

Tu Firma

FECHA: _____/_____/_____

Señala el día de la semana:   L   M   M   J   V   S   D

ADORACIÓN   Te amo Jesús. Te alabo por ser...

..................................................................................................................
..................................................................................................................
..................................................................................................................
..................................................................................................................
..................................................................................................................

CONFESIÓN   Lo siento Señor. Perdóname por...

..................................................................................................................
..................................................................................................................
..................................................................................................................
..................................................................................................................
..................................................................................................................

TIEMPO PARA AGRADECER   Padre, estoy agradecido. Gracias por...

..................................................................................................................
..................................................................................................................
..................................................................................................................
..................................................................................................................
..................................................................................................................

ORA EN SÚPLICA   Jesús, tú provees todas mis necesidades. Oro por...

..................................................................................................................
..................................................................................................................
..................................................................................................................
..................................................................................................................
..................................................................................................................

«Y AHORA, QUERIDOS HIJOS, PERMANEZCAMOS EN ÉL PARA QUE, CUAN-
DO SE MANIFIESTE, PODAMOS PRESENTARNOS ANTE ÉL CONFIADAMENTE,
SEGUROS DE NO SER AVERGONZADOS EN SU VENIDA» (1 JUAN 2:28).

# DÍA: 15

Material extra para hablar con Dios… Auto-reflexión… ¿Qué te está
diciendo Dios?

...................................................................................................................

...................................................................................................................

...................................................................................................................

...................................................................................................................

...................................................................................................................

...................................................................................................................

...................................................................................................................

...................................................................................................................

...................................................................................................................

...................................................................................................................

...................................................................................................................

...................................................................................................................

...................................................................................................................

...................................................................................................................

...................................................................................................................

...................................................................................................................

...................................................................................................................

...................................................................................................................

...................................................................................................................

## SEÑOR, HÁGASE TU VOLUNTAD. AMÉN

Responsabilidad: ¿Qué libro y capítulo (s) leíste hoy?

...................................................................................................................

..............................................
Tu Firma

FECHA: _____/_____/_____

Señala el día de la semana:   L   M   M   J   V   S   D

## ADORACIÓN   Te amo Jesús. Te alabo por ser…

..........................................................................................................

..........................................................................................................

..........................................................................................................

..........................................................................................................

..........................................................................................................

## CONFESIÓN   Lo siento Señor. Perdóname por…

..........................................................................................................

..........................................................................................................

..........................................................................................................

..........................................................................................................

..........................................................................................................

## TIEMPO PARA AGRADECER   Padre, estoy agradecido. Gracias por…

..........................................................................................................

..........................................................................................................

..........................................................................................................

..........................................................................................................

..........................................................................................................

## ORA EN SÚPLICA   Jesús, tú provees todas mis necesidades. Oro por…

..........................................................................................................

..........................................................................................................

..........................................................................................................

..........................................................................................................

..........................................................................................................

«Y LA PAZ DE DIOS, QUE SOBREPASA TODO ENTENDIMIENTO, CUIDARÁ SUS CORAZONES Y SUS PENSAMIENTOS EN CRISTO JESÚS» (FILIPENSES 4:7).

# DÍA: 16

Material extra para hablar con Dios… Auto-reflexión… ¿Qué te está diciendo Dios?

........................................................................................................

........................................................................................................

........................................................................................................

........................................................................................................

........................................................................................................

........................................................................................................

........................................................................................................

........................................................................................................

........................................................................................................

........................................................................................................

........................................................................................................

........................................................................................................

........................................................................................................

........................................................................................................

........................................................................................................

........................................................................................................

........................................................................................................

........................................................................................................

## SEÑOR, HÁGASE TU VOLUNTAD. AMÉN

Responsabilidad: ¿Qué libro y capítulo (s) leíste hoy?

........................................................................................................

...........................................

Tu Firma

FECHA: _____/_____/_____

Señala el día de la semana:   L   M   M   J   V   S   D

## ADORACIÓN   Te amo Jesús. Te alabo por ser…

...........................................................................................................

...........................................................................................................

...........................................................................................................

...........................................................................................................

...........................................................................................................

## CONFESIÓN   Lo siento Señor. Perdóname por…

...........................................................................................................

...........................................................................................................

...........................................................................................................

...........................................................................................................

...........................................................................................................

## TIEMPO PARA AGRADECER   Padre, estoy agradecido. Gracias por…

...........................................................................................................

...........................................................................................................

...........................................................................................................

...........................................................................................................

...........................................................................................................

## ORA EN SÚPLICA   Jesús, tú provees todas mis necesidades. Oro por…

...........................................................................................................

...........................................................................................................

...........................................................................................................

...........................................................................................................

...........................................................................................................

«QUIEN QUIERA SERVIRME, DEBE SEGUIRME; Y DONDE YO ESTÉ, ALLÍ TAMBIÉN ESTARÁ MI SIERVO. A QUIEN ME SIRVA, MI PADRE LO HONRARÁ» (JUAN 12:26).

# DÍA: 17

Material extra para hablar con Dios… Auto-reflexión… ¿Qué te está diciendo Dios?

..................................................................................................
..................................................................................................
..................................................................................................
..................................................................................................
..................................................................................................
..................................................................................................
..................................................................................................
..................................................................................................
..................................................................................................
..................................................................................................
..................................................................................................
..................................................................................................
..................................................................................................
..................................................................................................
..................................................................................................
..................................................................................................
..................................................................................................
..................................................................................................
..................................................................................................

SEÑOR, HÁGASE TU VOLUNTAD. AMÉN

Responsabilidad: ¿Qué libro y capítulo (s) leíste hoy?

..................................................................................................

...........................................
Tu Firma

FECHA: \_\_\_\_\_/\_\_\_\_\_/\_\_\_\_\_

Señala el día de la semana:   L   M   M   J   V   S   D

## ADORACIÓN   Te amo Jesús. Te alabo por ser...

..................................................................................................

..................................................................................................

..................................................................................................

..................................................................................................

..................................................................................................

## CONFESIÓN   Lo siento Señor. Perdóname por...

..................................................................................................

..................................................................................................

..................................................................................................

..................................................................................................

..................................................................................................

## TIEMPO PARA AGRADECER   Padre, estoy agradecido. Gracias por...

..................................................................................................

..................................................................................................

..................................................................................................

..................................................................................................

..................................................................................................

## ORA EN SÚPLICA   Jesús, tú provees todas mis necesidades. Oro por...

..................................................................................................

..................................................................................................

..................................................................................................

..................................................................................................

..................................................................................................

«No se amolden al mundo actual, sino sean transformados mediante la renovación de su mente. Así podrán comprobar cuál es la voluntad de Dios, buena, agradable y perfecta» (Romanos 12:2).

# DÍA: 18

Material extra para hablar con Dios… Auto-reflexión… ¿Qué te está diciendo Dios?

..................................................................................................

..................................................................................................

..................................................................................................

..................................................................................................

..................................................................................................

..................................................................................................

..................................................................................................

..................................................................................................

..................................................................................................

..................................................................................................

..................................................................................................

..................................................................................................

..................................................................................................

..................................................................................................

..................................................................................................

..................................................................................................

..................................................................................................

..................................................................................................

..................................................................................................

## SEÑOR, HÁGASE TU VOLUNTAD. AMÉN

Responsabilidad: ¿Qué libro y capítulo (s) leíste hoy?

..................................................................................................

.............................................

Tu Firma

FECHA: _____/_____/_____

Señala el día de la semana:   L   M   M   J   V   S   D

ADORACIÓN   Te amo Jesús. Te alabo por ser…

...................................................................................................

...................................................................................................

...................................................................................................

...................................................................................................

...................................................................................................

CONFESIÓN   Lo siento Señor. Perdóname por…

...................................................................................................

...................................................................................................

...................................................................................................

...................................................................................................

...................................................................................................

TIEMPO PARA AGRADECER   Padre, estoy agradecido. Gracias por…

...................................................................................................

...................................................................................................

...................................................................................................

...................................................................................................

...................................................................................................

ORA EN SÚPLICA   Jesús, tú provees todas mis necesidades. Oro por…

...................................................................................................

...................................................................................................

...................................................................................................

...................................................................................................

...................................................................................................

«QUE LA GLORIA DEL SEÑOR PERDURE ETERNAMENTE; QUE EL SEÑOR SE REGOCIJE EN SUS OBRAS» (SALMOS 104:31).

# DÍA: 19

Material extra para hablar con Dios… Auto-reflexión… ¿Qué te está diciendo Dios?

............................................................................................
............................................................................................
............................................................................................
............................................................................................
............................................................................................
............................................................................................
............................................................................................
............................................................................................
............................................................................................
............................................................................................
............................................................................................
............................................................................................
............................................................................................
............................................................................................
............................................................................................
............................................................................................
............................................................................................
............................................................................................
............................................................................................
............................................................................................

## SEÑOR, HÁGASE TU VOLUNTAD. AMÉN

Responsabilidad: ¿Qué libro y capítulo (s) leíste hoy?

............................................................................................

............................................................
Tu Firma

FECHA: _____/_____/_____

Señala el día de la semana:   L   M   M   J   V   S   D

## ADORACIÓN   Te amo Jesús. Te alabo por ser…

.......................................................................................................................

.......................................................................................................................

.......................................................................................................................

.......................................................................................................................

.......................................................................................................................

## CONFESIÓN   Lo siento Señor. Perdóname por…

.......................................................................................................................

.......................................................................................................................

.......................................................................................................................

.......................................................................................................................

.......................................................................................................................

## TIEMPO PARA AGRADECER   Padre, estoy agradecido. Gracias por…

.......................................................................................................................

.......................................................................................................................

.......................................................................................................................

.......................................................................................................................

.......................................................................................................................

## ORA EN SÚPLICA   Jesús, tú provees todas mis necesidades. Oro por…

.......................................................................................................................

.......................................................................................................................

.......................................................................................................................

.......................................................................................................................

.......................................................................................................................

«El Señor es sol y escudo; Dios nos concede honor y gloria. El Señor brinda generosa bondad a los que se conducen sin tacha» (Salmos 84:11).

# DÍA: 20

Material extra para hablar con Dios… Auto-reflexión… ¿Qué te está diciendo Dios?

.................................................................................................
.................................................................................................
.................................................................................................
.................................................................................................
.................................................................................................
.................................................................................................
.................................................................................................
.................................................................................................
.................................................................................................
.................................................................................................
.................................................................................................
.................................................................................................
.................................................................................................
.................................................................................................
.................................................................................................
.................................................................................................
.................................................................................................
.................................................................................................
.................................................................................................
.................................................................................................
.................................................................................................

## Señor, hágase tu voluntad. Amén

Responsabilidad: ¿Qué libro y capítulo (s) leíste hoy?

.................................................................................................
.............................................

Tu Firma

FECHA: \_\_\_\_\_/\_\_\_\_\_/\_\_\_\_\_

Señala el día de la semana:    L    M    M    J    V    S    D

### ADORACIÓN  Te amo Jesús. Te alabo por ser…

...................................................................................................
...................................................................................................
...................................................................................................
...................................................................................................
...................................................................................................

### CONFESIÓN  Lo siento Señor. Perdóname por…

...................................................................................................
...................................................................................................
...................................................................................................
...................................................................................................
...................................................................................................

### TIEMPO PARA AGRADECER  Padre, estoy agradecido. Gracias por…

...................................................................................................
...................................................................................................
...................................................................................................
...................................................................................................
...................................................................................................

### ORA EN SÚPLICA  Jesús, tú provees todas mis necesidades. Oro por…

...................................................................................................
...................................................................................................
...................................................................................................
...................................................................................................
...................................................................................................

«DESEEN CON ANSIAS LA LECHE PURA DE LA PALABRA, COMO NIÑOS RECIÉN NACIDOS. ASÍ, POR MEDIO DE ELLA, CRECERÁN EN SU SALVACIÓN» (1 PEDRO 2:2).

# DÍA: 21

Material extra para hablar con Dios… Auto-reflexión… ¿Qué te está diciendo Dios?

.................................................................................................
.................................................................................................
.................................................................................................
.................................................................................................
.................................................................................................
.................................................................................................
.................................................................................................
.................................................................................................
.................................................................................................
.................................................................................................
.................................................................................................
.................................................................................................
.................................................................................................
.................................................................................................
.................................................................................................
.................................................................................................
.................................................................................................
.................................................................................................
.................................................................................................
.................................................................................................
.................................................................................................

## SEÑOR, HÁGASE TU VOLUNTAD. AMÉN

Responsabilidad: ¿Qué libro y capítulo (s) leíste hoy?

.................................................................................................

.........................................................
Tu Firma

FECHA: _____/_____/_____

Señala el día de la semana:   L   M   M   J   V   S   D

## ADORACIÓN   Te amo Jesús. Te alabo por ser…

...................................................................................................................
...................................................................................................................
...................................................................................................................
...................................................................................................................
...................................................................................................................

## CONFESIÓN   Lo siento Señor. Perdóname por…

...................................................................................................................
...................................................................................................................
...................................................................................................................
...................................................................................................................
...................................................................................................................

## TIEMPO PARA AGRADECER   Padre, estoy agradecido. Gracias por…

...................................................................................................................
...................................................................................................................
...................................................................................................................
...................................................................................................................
...................................................................................................................

## ORA EN SÚPLICA   Jesús, tú provees todas mis necesidades. Oro por…

...................................................................................................................
...................................................................................................................
...................................................................................................................
...................................................................................................................
...................................................................................................................

«DEN GRACIAS AL SEÑOR, INVOQUEN SU NOMBRE; DEN A CONO-
CER SUS OBRAS ENTRE LAS NACIONES. CÁNTENLE, ENTÓNENLE SAL-
MOS; HABLEN DE TODAS SUS MARAVILLAS» (SALMOS 105:1-2).

# DÍA: 22

Material extra para hablar con Dios… Auto-reflexión… ¿Qué te está
diciendo Dios?

...........................................................................................................

...........................................................................................................

...........................................................................................................

...........................................................................................................

...........................................................................................................

...........................................................................................................

...........................................................................................................

...........................................................................................................

...........................................................................................................

...........................................................................................................

...........................................................................................................

...........................................................................................................

...........................................................................................................

...........................................................................................................

...........................................................................................................

...........................................................................................................

...........................................................................................................

...........................................................................................................

...........................................................................................................

...........................................................................................................

## SEÑOR, HÁGASE TU VOLUNTAD. AMÉN

Responsabilidad: ¿Qué libro y capítulo (s) leíste hoy?

...........................................................................................................

...........................................................
Tu Firma

FECHA: _____/_____/_____

Señala el día de la semana:  L   M   M   J   V   S   D

ADORACIÓN   Te amo Jesús. Te alabo por ser…

...........................................................................................................
...........................................................................................................
...........................................................................................................
...........................................................................................................
...........................................................................................................

CONFESIÓN   Lo siento Señor. Perdóname por…

...........................................................................................................
...........................................................................................................
...........................................................................................................
...........................................................................................................
...........................................................................................................

TIEMPO PARA AGRADECER   Padre, estoy agradecido. Gracias por…

...........................................................................................................
...........................................................................................................
...........................................................................................................
...........................................................................................................
...........................................................................................................

ORA EN SÚPLICA   Jesús, tú provees todas mis necesidades. Oro por…

...........................................................................................................
...........................................................................................................
...........................................................................................................
...........................................................................................................
...........................................................................................................

«TENGO SED DE DIOS, DEL DIOS DE LA VIDA. ¿CUÁNDO PODRÉ PRESENTARME ANTE DIOS?» (SALMOS 42:2).

# DÍA: 23

Material extra para hablar con Dios… Auto-reflexión… ¿Qué te está diciendo Dios?

........................................................................................................
........................................................................................................
........................................................................................................
........................................................................................................
........................................................................................................
........................................................................................................
........................................................................................................
........................................................................................................
........................................................................................................
........................................................................................................
........................................................................................................
........................................................................................................
........................................................................................................
........................................................................................................
........................................................................................................
........................................................................................................
........................................................................................................
........................................................................................................
........................................................................................................

## SEÑOR, HÁGASE TU VOLUNTAD. AMÉN

Responsabilidad: ¿Qué libro y capítulo (s) leíste hoy?

........................................................................................................

........................................................................

Tu Firma

FECHA: _____/_____/_____

Señala el día de la semana:    L    M    M    J    V    S    D

## ADORACIÓN   Te amo Jesús. Te alabo por ser…

...................................................................................................

...................................................................................................

...................................................................................................

...................................................................................................

...................................................................................................

## CONFESIÓN   Lo siento Señor. Perdóname por…

...................................................................................................

...................................................................................................

...................................................................................................

...................................................................................................

...................................................................................................

## TIEMPO PARA AGRADECER   Padre, estoy agradecido. Gracias por…

...................................................................................................

...................................................................................................

...................................................................................................

...................................................................................................

...................................................................................................

## ORA EN SÚPLICA   Jesús, tú provees todas mis necesidades. Oro por…

...................................................................................................

...................................................................................................

...................................................................................................

...................................................................................................

...................................................................................................

«ÉL FUE TRASPASADO POR NUESTRAS REBELIONES, Y MOLIDO POR NUES-TRAS INIQUIDADES; SOBRE ÉL RECAYÓ EL CASTIGO, PRECIO DE NUESTRA PAZ, Y GRACIAS A SUS HERIDAS FUIMOS SANADOS» (ISAÍAS 53:5).

# DÍA: 24

Material extra para hablar con Dios… Auto-reflexión… ¿Qué te está diciendo Dios?

.........................................................................................................
.........................................................................................................
.........................................................................................................
.........................................................................................................
.........................................................................................................
.........................................................................................................
.........................................................................................................
.........................................................................................................
.........................................................................................................
.........................................................................................................
.........................................................................................................
.........................................................................................................
.........................................................................................................
.........................................................................................................
.........................................................................................................
.........................................................................................................
.........................................................................................................
.........................................................................................................
.........................................................................................................

## SEÑOR, HÁGASE TU VOLUNTAD. AMÉN

Responsabilidad: ¿Qué libro y capítulo (s) leíste hoy?

.........................................................................................................

.................................................

Tu Firma

FECHA: _____/_____/_____

Señala el día de la semana:   L   M   M   J   V   S   D

## ADORACIÓN   Te amo Jesús. Te alabo por ser…

..................................................................................................................

..................................................................................................................

..................................................................................................................

..................................................................................................................

..................................................................................................................

## CONFESIÓN   Lo siento Señor. Perdóname por…

..................................................................................................................

..................................................................................................................

..................................................................................................................

..................................................................................................................

..................................................................................................................

## TIEMPO PARA AGRADECER   Padre, estoy agradecido. Gracias por…

..................................................................................................................

..................................................................................................................

..................................................................................................................

..................................................................................................................

..................................................................................................................

## ORA EN SÚPLICA   Jesús, tú provees todas mis necesidades. Oro por…

..................................................................................................................

..................................................................................................................

..................................................................................................................

..................................................................................................................

..................................................................................................................

«YO, YO SOY EL SEÑOR, FUERA DE MÍ NO HAY NINGÚN OTRO SALVADOR»
(ISAÍAS 43:11).

# DÍA: 25

Material extra para hablar con Dios… Auto-reflexión… ¿Qué te está diciendo Dios?

........................................................................................................

........................................................................................................

........................................................................................................

........................................................................................................

........................................................................................................

........................................................................................................

........................................................................................................

........................................................................................................

........................................................................................................

........................................................................................................

........................................................................................................

........................................................................................................

........................................................................................................

........................................................................................................

........................................................................................................

........................................................................................................

........................................................................................................

........................................................................................................

........................................................................................................

SEÑOR, HÁGASE TU VOLUNTAD. AMÉN

Responsabilidad: ¿Qué libro y capítulo (s) leíste hoy?

........................................................................................................

................................................

Tu Firma

FECHA: _____/_____/_____

Señala el día de la semana:　　L　M　M　J　V　S　D

## Adoración　Te amo Jesús. Te alabo por ser…

.............................................................................................................

.............................................................................................................

.............................................................................................................

.............................................................................................................

.............................................................................................................

## Confesión　Lo siento Señor. Perdóname por…

.............................................................................................................

.............................................................................................................

.............................................................................................................

.............................................................................................................

.............................................................................................................

## Tiempo para agradecer　Padre, estoy agradecido. Gracias por…

.............................................................................................................

.............................................................................................................

.............................................................................................................

.............................................................................................................

.............................................................................................................

## Ora en súplica　Jesús, tú provees todas mis necesidades. Oro por…

.............................................................................................................

.............................................................................................................

.............................................................................................................

.............................................................................................................

.............................................................................................................

«PERO CUANDO VENGA EL ESPÍRITU SANTO SOBRE USTEDES, RECIBIRÁN PODER Y SERÁN MIS TESTIGOS TANTO EN JERUSALÉN COMO EN TODA JUDEA Y SAMARIA, Y HASTA LOS CONFINES DE LA TIERRA» (HECHOS 1:8).

# DÍA: 26

Material extra para hablar con Dios… Auto-reflexión… ¿Qué te está diciendo Dios?

...............................................................................................................
...............................................................................................................
...............................................................................................................
...............................................................................................................
...............................................................................................................
...............................................................................................................
...............................................................................................................
...............................................................................................................
...............................................................................................................
...............................................................................................................
...............................................................................................................
...............................................................................................................
...............................................................................................................
...............................................................................................................
...............................................................................................................
...............................................................................................................
...............................................................................................................
...............................................................................................................
...............................................................................................................
...............................................................................................................

SEÑOR, HÁGASE TU VOLUNTAD. AMÉN

Responsabilidad: ¿Qué libro y capítulo (s) leíste hoy?

...............................................................................................................
...............................................................

Tu Firma

FECHA: _____/_____/_____

Señala el día de la semana:   L   M   M   J   V   S   D

## ADORACIÓN   Te amo Jesús. Te alabo por ser…

......................................................................................................

......................................................................................................

......................................................................................................

......................................................................................................

......................................................................................................

## CONFESIÓN   Lo siento Señor. Perdóname por…

......................................................................................................

......................................................................................................

......................................................................................................

......................................................................................................

......................................................................................................

## TIEMPO PARA AGRADECER   Padre, estoy agradecido. Gracias por…

......................................................................................................

......................................................................................................

......................................................................................................

......................................................................................................

......................................................................................................

## ORA EN SÚPLICA   Jesús, tú provees todas mis necesidades. Oro por…

......................................................................................................

......................................................................................................

......................................................................................................

......................................................................................................

......................................................................................................

«EL LADRÓN NO VIENE MÁS QUE A ROBAR, MATAR Y DES-
TRUIR; YO HE VENIDO PARA QUE TENGAN VIDA, Y LA TEN-
GAN EN ABUNDANCIA» (JUAN 10:10).

# DÍA: 27

Material extra para hablar con Dios… Auto-reflexión… ¿Qué te está
diciendo Dios?

......................................................................................................

......................................................................................................

......................................................................................................

......................................................................................................

......................................................................................................

......................................................................................................

......................................................................................................

......................................................................................................

......................................................................................................

......................................................................................................

......................................................................................................

......................................................................................................

......................................................................................................

......................................................................................................

......................................................................................................

......................................................................................................

......................................................................................................

......................................................................................................

......................................................................................................

## SEÑOR, HÁGASE TU VOLUNTAD. AMÉN

Responsabilidad: ¿Qué libro y capítulo (s) leíste hoy?

......................................................................................................

...........................................

Tu Firma

FECHA: \_\_\_\_\_/\_\_\_\_\_/\_\_\_\_\_

Señala el día de la semana:    L    M    M    J    V    S    D

## ADORACIÓN   Te amo Jesús. Te alabo por ser…

..................................................................................................................
..................................................................................................................
..................................................................................................................
..................................................................................................................
..................................................................................................................

## CONFESIÓN   Lo siento Señor. Perdóname por…

..................................................................................................................
..................................................................................................................
..................................................................................................................
..................................................................................................................
..................................................................................................................

## TIEMPO PARA AGRADECER   Padre, estoy agradecido. Gracias por…

..................................................................................................................
..................................................................................................................
..................................................................................................................
..................................................................................................................
..................................................................................................................

## ORA EN SÚPLICA   Jesús, tú provees todas mis necesidades. Oro por…

..................................................................................................................
..................................................................................................................
..................................................................................................................
..................................................................................................................
..................................................................................................................

«PERO LOS QUE CONFÍAN EN EL SEÑOR RENOVARÁN SUS FUERZAS; VOLARÁN COMO LAS ÁGUILAS: CORRERÁN Y NO SE FATIGARÁN, CAMINARÁN Y NO SE CANSARÁN» (ISAÍAS 40:31).

# DÍA: 28

Material extra para hablar con Dios… Auto-reflexión… ¿Qué te está diciendo Dios?

.......................................................................................................

.......................................................................................................

.......................................................................................................

.......................................................................................................

.......................................................................................................

.......................................................................................................

.......................................................................................................

.......................................................................................................

.......................................................................................................

.......................................................................................................

.......................................................................................................

.......................................................................................................

.......................................................................................................

.......................................................................................................

.......................................................................................................

.......................................................................................................

.......................................................................................................

.......................................................................................................

.......................................................................................................

.......................................................................................................

## SEÑOR, HÁGASE TU VOLUNTAD. AMÉN

Responsabilidad: ¿Qué libro y capítulo (s) leíste hoy?

.......................................................................................................

.............................................

Tu Firma

FECHA: _____/_____/_____

Señala el día de la semana:   L   M   M   J   V   S   D

ADORACIÓN   Te amo Jesús. Te alabo por ser…

...........................................................................................................
...........................................................................................................
...........................................................................................................
...........................................................................................................
...........................................................................................................

CONFESIÓN   Lo siento Señor. Perdóname por…

...........................................................................................................
...........................................................................................................
...........................................................................................................
...........................................................................................................
...........................................................................................................

TIEMPO PARA AGRADECER   Padre, estoy agradecido. Gracias por…

...........................................................................................................
...........................................................................................................
...........................................................................................................
...........................................................................................................
...........................................................................................................

ORA EN SÚPLICA   Jesús, tú provees todas mis necesidades. Oro por…

...........................................................................................................
...........................................................................................................
...........................................................................................................
...........................................................................................................
...........................................................................................................

«QUE GOBIERNE EN SUS CORAZONES LA PAZ DE CRISTO, A LA CUAL FUERON LLAMADOS EN UN SOLO CUERPO. Y SEAN AGRADECIDOS» (COLOSENSES 3:15).

# DÍA: 29

Material extra para hablar con Dios… Auto-reflexión… ¿Qué te está diciendo Dios?

...........................................................................................................

...........................................................................................................

...........................................................................................................

...........................................................................................................

...........................................................................................................

...........................................................................................................

...........................................................................................................

...........................................................................................................

...........................................................................................................

...........................................................................................................

...........................................................................................................

...........................................................................................................

...........................................................................................................

...........................................................................................................

...........................................................................................................

...........................................................................................................

...........................................................................................................

...........................................................................................................

...........................................................................................................

SEÑOR, HÁGASE TU VOLUNTAD. AMÉN

Responsabilidad: ¿Qué libro y capítulo (s) leíste hoy?

...........................................................................................................

...........................................................

Tu Firma

FECHA: \_\_\_\_\_/\_\_\_\_\_/\_\_\_\_\_

Señala el día de la semana:   L   M   M   J   V   S   D

# ADORACIÓN   Te amo Jesús. Te alabo por ser...

........................................................................................................

........................................................................................................

........................................................................................................

........................................................................................................

........................................................................................................

# CONFESIÓN   Lo siento Señor. Perdóname por...

........................................................................................................

........................................................................................................

........................................................................................................

........................................................................................................

........................................................................................................

# TIEMPO PARA AGRADECER   Padre, estoy agradecido. Gracias por...

........................................................................................................

........................................................................................................

........................................................................................................

........................................................................................................

........................................................................................................

# ORA EN SÚPLICA   Jesús, tú provees todas mis necesidades. Oro por...

........................................................................................................

........................................................................................................

........................................................................................................

........................................................................................................

........................................................................................................

«¡ALELUYA! ¡ALABADO SEA EL SEÑOR! DICHOSO EL QUE TEME AL SEÑOR, EL QUE HALLA GRAN DELEITE EN SUS MANDAMIENTOS» (SALMOS 112:1-2).

# DÍA: 30

Material extra para hablar con Dios… Auto-reflexión… ¿Qué te está diciendo Dios?

........................................................................................

........................................................................................

........................................................................................

........................................................................................

........................................................................................

........................................................................................

........................................................................................

........................................................................................

........................................................................................

........................................................................................

........................................................................................

........................................................................................

........................................................................................

........................................................................................

........................................................................................

........................................................................................

........................................................................................

........................................................................................

........................................................................................

........................................................................................

## SEÑOR, HÁGASE TU VOLUNTAD. AMÉN

Responsabilidad: ¿Qué libro y capítulo (s) leíste hoy?

........................................................................................

........................................................

Tu Firma

FECHA: _____/_____/_____

Señala el día de la semana:   L   M   M   J   V   S   D

## ADORACIÓN   Te amo Jesús. Te alabo por ser…

..............................................................................................................
..............................................................................................................
..............................................................................................................
..............................................................................................................
..............................................................................................................

## CONFESIÓN   Lo siento Señor. Perdóname por…

..............................................................................................................
..............................................................................................................
..............................................................................................................
..............................................................................................................
..............................................................................................................

## TIEMPO PARA AGRADECER   Padre, estoy agradecido. Gracias por…

..............................................................................................................
..............................................................................................................
..............................................................................................................
..............................................................................................................
..............................................................................................................

## ORA EN SÚPLICA   Jesús, tú provees todas mis necesidades. Oro por…

..............................................................................................................
..............................................................................................................
..............................................................................................................
..............................................................................................................
..............................................................................................................

«POR TANTO, PARA QUE SEAN BORRADOS SUS PECADOS, ARRE-
PIÉNTANSE Y VUÉLVANSE A DIOS, A FIN DE QUE VENGAN TIEM-
POS DE DESCANSO DE PARTE DEL SEÑOR» (HECHOS 3:19-20).

# DÍA: 31

Material extra para hablar con Dios… Auto-reflexión… ¿Qué te está
diciendo Dios?

........................................................................................................

........................................................................................................

........................................................................................................

........................................................................................................

........................................................................................................

........................................................................................................

........................................................................................................

........................................................................................................

........................................................................................................

........................................................................................................

........................................................................................................

........................................................................................................

........................................................................................................

........................................................................................................

........................................................................................................

........................................................................................................

........................................................................................................

........................................................................................................

## SEÑOR, HÁGASE TU VOLUNTAD. AMÉN

Responsabilidad: ¿Qué libro y capítulo (s) leíste hoy?

........................................................................................................

........................................................

Tu Firma

FECHA: _____/_____/_____

Señala el día de la semana:   L   M   M   J   V   S   D

## ADORACIÓN   Te amo Jesús. Te alabo por ser…

........................................................................................................

........................................................................................................

........................................................................................................

........................................................................................................

........................................................................................................

## CONFESIÓN   Lo siento Señor. Perdóname por…

........................................................................................................

........................................................................................................

........................................................................................................

........................................................................................................

........................................................................................................

## TIEMPO PARA AGRADECER   Padre, estoy agradecido. Gracias por…

........................................................................................................

........................................................................................................

........................................................................................................

........................................................................................................

........................................................................................................

## ORA EN SÚPLICA   Jesús, tú provees todas mis necesidades. Oro por…

........................................................................................................

........................................................................................................

........................................................................................................

........................................................................................................

........................................................................................................

«ENTREN POR SUS PUERTAS CON ACCIÓN DE GRACIAS; VEN-
GAN A SUS ATRIOS CON HIMNOS DE ALABANZA; DENLE GRA-
CIAS, ALABEN SU NOMBRE» (SALMOS 100:4).

# DÍA: 32

Material extra para hablar con Dios… Auto-reflexión… ¿Qué te está
diciendo Dios?

................................................................................................................

................................................................................................................

................................................................................................................

................................................................................................................

................................................................................................................

................................................................................................................

................................................................................................................

................................................................................................................

................................................................................................................

................................................................................................................

................................................................................................................

................................................................................................................

................................................................................................................

................................................................................................................

................................................................................................................

................................................................................................................

................................................................................................................

................................................................................................................

................................................................................................................

SEÑOR, HÁGASE TU VOLUNTAD. AMÉN

Responsabilidad: ¿Qué libro y capítulo (s) leíste hoy?

................................................................................................................

................................................................

FECHA: _____/_____/_____

Señala el día de la semana:   L   M   M   J   V   S   D

ADORACIÓN   Te amo Jesús. Te alabo por ser…

......................................................................................................................................

......................................................................................................................................

......................................................................................................................................

......................................................................................................................................

......................................................................................................................................

CONFESIÓN   Lo siento Señor. Perdóname por…

......................................................................................................................................

......................................................................................................................................

......................................................................................................................................

......................................................................................................................................

......................................................................................................................................

TIEMPO PARA AGRADECER   Padre, estoy agradecido. Gracias por…

......................................................................................................................................

......................................................................................................................................

......................................................................................................................................

......................................................................................................................................

......................................................................................................................................

ORA EN SÚPLICA   Jesús, tú provees todas mis necesidades. Oro por…

......................................................................................................................................

......................................................................................................................................

......................................................................................................................................

......................................................................................................................................

......................................................................................................................................

«POR LO DEMÁS ME ESPERA LA CORONA DE JUSTICIA QUE EL SEÑOR, EL JUEZ JUSTO, ME OTORGARÁ EN AQUEL DÍA; Y NO SÓLO A MÍ, SINO TAMBIÉN A TODOS LOS QUE CON AMOR HAYAN ESPERADO SU VENIDA» (2 TIMOTEO 4:8).

# DÍA: 33

Material extra para hablar con Dios… Auto-reflexión… ¿Qué te está diciendo Dios?

........................................................................................................

........................................................................................................

........................................................................................................

........................................................................................................

........................................................................................................

........................................................................................................

........................................................................................................

........................................................................................................

........................................................................................................

........................................................................................................

........................................................................................................

........................................................................................................

........................................................................................................

........................................................................................................

........................................................................................................

........................................................................................................

........................................................................................................

........................................................................................................

........................................................................................................

## SEÑOR, HÁGASE TU VOLUNTAD. AMÉN

Responsabilidad: ¿Qué libro y capítulo (s) leíste hoy?

........................................................................................................

........................................................

Tu Firma

FECHA: _____/_____/_____

Señala el día de la semana:   L   M   M   J   V   S   D

ADORACIÓN   Te amo Jesús. Te alabo por ser…

...........................................................................................................

...........................................................................................................

...........................................................................................................

...........................................................................................................

...........................................................................................................

CONFESIÓN   Lo siento Señor. Perdóname por…

...........................................................................................................

...........................................................................................................

...........................................................................................................

...........................................................................................................

...........................................................................................................

TIEMPO PARA AGRADECER   Padre, estoy agradecido. Gracias por…

...........................................................................................................

...........................................................................................................

...........................................................................................................

...........................................................................................................

...........................................................................................................

ORA EN SÚPLICA   Jesús, tú provees todas mis necesidades. Oro por…

...........................................................................................................

...........................................................................................................

...........................................................................................................

...........................................................................................................

...........................................................................................................

«EL QUE ESTABA SENTADO EN EL TRONO DIJO: "¡YO HAGO NUEVAS TODAS LAS COSAS!" Y AÑADIÓ: "ESCRIBE, PORQUE ESTAS PALABRAS SON VERDADERAS Y DIGNAS DE CONFIANZA"» (APOCALIPSIS 21:5).

# DÍA: 34

Material extra para hablar con Dios… Auto-reflexión… ¿Qué te está diciendo Dios?

..................................................................................................
..................................................................................................
..................................................................................................
..................................................................................................
..................................................................................................
..................................................................................................
..................................................................................................
..................................................................................................
..................................................................................................
..................................................................................................
..................................................................................................
..................................................................................................
..................................................................................................
..................................................................................................
..................................................................................................
..................................................................................................
..................................................................................................
..................................................................................................
..................................................................................................
..................................................................................................

## SEÑOR, HÁGASE TU VOLUNTAD. AMÉN

Responsabilidad: ¿Qué libro y capítulo (s) leíste hoy?

..................................................................................................

..................................................
Tu Firma

FECHA: \_\_\_\_\_/\_\_\_\_\_/\_\_\_\_\_

Señala el día de la semana:   L   M   M   J   V   S   D

## ADORACIÓN   Te amo Jesús. Te alabo por ser...

...................................................................................................................

...................................................................................................................

...................................................................................................................

...................................................................................................................

...................................................................................................................

## CONFESIÓN   Lo siento Señor. Perdóname por...

...................................................................................................................

...................................................................................................................

...................................................................................................................

...................................................................................................................

...................................................................................................................

## TIEMPO PARA AGRADECER   Padre, estoy agradecido. Gracias por...

...................................................................................................................

...................................................................................................................

...................................................................................................................

...................................................................................................................

...................................................................................................................

## ORA EN SÚPLICA   Jesús, tú provees todas mis necesidades. Oro por...

...................................................................................................................

...................................................................................................................

...................................................................................................................

...................................................................................................................

...................................................................................................................

«QUERIDOS HERMANOS, YA QUE DIOS NOS HA AMADO ASÍ, TAMBIÉN NOSOTROS DEBEMOS AMARNOS LOS UNOS A LOS OTROS» (1 JUAN 4:11).

# DÍA: 35

Material extra para hablar con Dios… Auto-reflexión… ¿Qué te está diciendo Dios?

.................................................................................................................

.................................................................................................................

.................................................................................................................

.................................................................................................................

.................................................................................................................

.................................................................................................................

.................................................................................................................

.................................................................................................................

.................................................................................................................

.................................................................................................................

.................................................................................................................

.................................................................................................................

.................................................................................................................

.................................................................................................................

.................................................................................................................

.................................................................................................................

.................................................................................................................

.................................................................................................................

.................................................................................................................

SEÑOR, HÁGASE TU VOLUNTAD. AMÉN

Responsabilidad: ¿Qué libro y capítulo (s) leíste hoy?

.................................................................................................................

.............................................................

Tu Firma

FECHA: _____/_____/_____

Señala el día de la semana:   L   M   M   J   V   S   D

ADORACIÓN   Te amo Jesús. Te alabo por ser...

........................................................................................................
........................................................................................................
........................................................................................................
........................................................................................................
........................................................................................................

CONFESIÓN   Lo siento Señor. Perdóname por...

........................................................................................................
........................................................................................................
........................................................................................................
........................................................................................................
........................................................................................................

TIEMPO PARA AGRADECER   Padre, estoy agradecido. Gracias por...

........................................................................................................
........................................................................................................
........................................................................................................
........................................................................................................
........................................................................................................

ORA EN SÚPLICA   Jesús, tú provees todas mis necesidades. Oro por...

........................................................................................................
........................................................................................................
........................................................................................................
........................................................................................................
........................................................................................................

«PERO TE CONFESÉ MI PECADO, Y NO TE OCULTÉ MI MALDAD. ME DIJE: "VOY A CONFESAR MIS TRANSGRESIONES AL SEÑOR", Y TÚ PERDONASTE MI MALDAD Y MI PECADO» (SALMOS 32:5).

# DÍA: 36

Material extra para hablar con Dios… Auto-reflexión… ¿Qué te está diciendo Dios?

........................................................................................................

........................................................................................................

........................................................................................................

........................................................................................................

........................................................................................................

........................................................................................................

........................................................................................................

........................................................................................................

........................................................................................................

........................................................................................................

........................................................................................................

........................................................................................................

........................................................................................................

........................................................................................................

........................................................................................................

........................................................................................................

........................................................................................................

........................................................................................................

........................................................................................................

........................................................................................................

........................................................................................................

## SEÑOR, HÁGASE TU VOLUNTAD. AMÉN

Responsabilidad: ¿Qué libro y capítulo (s) leíste hoy?

........................................................................................................

........................................................

Tu Firma

FECHA: _____/_____/_____

Señala el día de la semana:   L   M   M   J   V   S   D

## ADORACIÓN   Te amo Jesús. Te alabo por ser…

..............................................................................................................

..............................................................................................................

..............................................................................................................

..............................................................................................................

..............................................................................................................

## CONFESIÓN   Lo siento Señor. Perdóname por…

..............................................................................................................

..............................................................................................................

..............................................................................................................

..............................................................................................................

..............................................................................................................

## TIEMPO PARA AGRADECER   Padre, estoy agradecido. Gracias por…

..............................................................................................................

..............................................................................................................

..............................................................................................................

..............................................................................................................

..............................................................................................................

## ORA EN SÚPLICA   Jesús, tú provees todas mis necesidades. Oro por…

..............................................................................................................

..............................................................................................................

..............................................................................................................

..............................................................................................................

..............................................................................................................

«ENTONCES LLAMÓ A LA MULTITUD Y A SUS DISCÍPULOS. —SI ALGUIEN QUIERE SER MI DISCÍPULO —LES DIJO—, QUE SE NIE- GUE A SÍ MISMO, LLEVE SU CRUZ Y ME SIGA» (MARCOS 8:34).

# DÍA: 37

Material extra para hablar con Dios… Auto-reflexión… ¿Qué te está diciendo Dios?

...................................................................................................

...................................................................................................

...................................................................................................

...................................................................................................

...................................................................................................

...................................................................................................

...................................................................................................

...................................................................................................

...................................................................................................

...................................................................................................

...................................................................................................

...................................................................................................

...................................................................................................

...................................................................................................

...................................................................................................

...................................................................................................

...................................................................................................

...................................................................................................

...................................................................................................

## SEÑOR, HÁGASE TU VOLUNTAD. AMÉN

Responsabilidad: ¿Qué libro y capítulo (s) leíste hoy?

...................................................................................................

.........................................................

Tu Firma

FECHA: _____/_____/_____

Señala el día de la semana:  L  M  M  J  V  S  D

## Adoración   Te amo Jesús. Te alabo por ser…

...................................................................................................

...................................................................................................

...................................................................................................

...................................................................................................

...................................................................................................

## Confesión   Lo siento Señor. Perdóname por…

...................................................................................................

...................................................................................................

...................................................................................................

...................................................................................................

...................................................................................................

## Tiempo para agradecer   Padre, estoy agradecido. Gracias por…

...................................................................................................

...................................................................................................

...................................................................................................

...................................................................................................

...................................................................................................

## Ora en súplica   Jesús, tú provees todas mis necesidades. Oro por…

...................................................................................................

...................................................................................................

...................................................................................................

...................................................................................................

...................................................................................................

«EL SEÑOR MISMO MARCHARÁ AL FRENTE DE TI Y ESTA-
RÁ CONTIGO; NUNCA TE DEJARÁ NI TE ABANDONARÁ. NO
TEMAS NI TE DESANIMES» (DEUTERONOMIO 31:8).

# DÍA: 38

Material extra para hablar con Dios… Auto-reflexión… ¿Qué te está
diciendo Dios?

........................................................................................................

........................................................................................................

........................................................................................................

........................................................................................................

........................................................................................................

........................................................................................................

........................................................................................................

........................................................................................................

........................................................................................................

........................................................................................................

........................................................................................................

........................................................................................................

........................................................................................................

........................................................................................................

........................................................................................................

........................................................................................................

........................................................................................................

........................................................................................................

........................................................................................................

SEÑOR, HÁGASE TU VOLUNTAD. AMÉN

Responsabilidad: ¿Qué libro y capítulo (s) leíste hoy?

........................................................................................................

........................................................

Tu Firma

FECHA: \_\_\_\_\_/\_\_\_\_\_/\_\_\_\_\_

Señala el día de la semana:   L   M   M   J   V   S   D

# ADORACIÓN   Te amo Jesús. Te alabo por ser…

..................................................................................................

..................................................................................................

..................................................................................................

..................................................................................................

..................................................................................................

# CONFESIÓN   Lo siento Señor. Perdóname por…

..................................................................................................

..................................................................................................

..................................................................................................

..................................................................................................

..................................................................................................

# TIEMPO PARA AGRADECER   Padre, estoy agradecido. Gracias por…

..................................................................................................

..................................................................................................

..................................................................................................

..................................................................................................

..................................................................................................

# ORA EN SÚPLICA   Jesús, tú provees todas mis necesidades. Oro por…

..................................................................................................

..................................................................................................

..................................................................................................

..................................................................................................

..................................................................................................

«EN VERDAD, DIOS HA MANIFESTADO A TODA LA HUMANIDAD SU GRACIA, LA CUAL TRAE SALVACIÓN Y NOS ENSEÑA A RECHAZAR LA IMPIEDAD Y LAS PASIONES MUNDANAS. ASÍ PODREMOS VIVIR EN ESTE MUNDO CON JUSTICIA, PIEDAD Y DOMINIO PROPIO» (TITO 2:11-12).

# DÍA: 39

Material extra para hablar con Dios… Auto-reflexión… ¿Qué te está diciendo Dios?

.................................................................................................
.................................................................................................
.................................................................................................
.................................................................................................
.................................................................................................
.................................................................................................
.................................................................................................
.................................................................................................
.................................................................................................
.................................................................................................
.................................................................................................
.................................................................................................
.................................................................................................
.................................................................................................
.................................................................................................
.................................................................................................
.................................................................................................
.................................................................................................
.................................................................................................
.................................................................................................

## SEÑOR, HÁGASE TU VOLUNTAD. AMÉN

Responsabilidad: ¿Qué libro y capítulo (s) leíste hoy?

.................................................................................................

.................................................................................................

Tu Firma

FECHA: _____/_____/_____

Señala el día de la semana:　L　M　M　J　V　S　D

## ADORACIÓN　Te amo Jesús. Te alabo por ser…

..............................................................................................................
..............................................................................................................
..............................................................................................................
..............................................................................................................
..............................................................................................................

## CONFESIÓN　Lo siento Señor. Perdóname por…

..............................................................................................................
..............................................................................................................
..............................................................................................................
..............................................................................................................
..............................................................................................................

## TIEMPO PARA AGRADECER　Padre, estoy agradecido. Gracias por…

..............................................................................................................
..............................................................................................................
..............................................................................................................
..............................................................................................................
..............................................................................................................

## ORA EN SÚPLICA　Jesús, tú provees todas mis necesidades. Oro por…

..............................................................................................................
..............................................................................................................
..............................................................................................................
..............................................................................................................
..............................................................................................................

«¡CUÁN PRECIOSOS, OH DIOS, ME SON TUS PENSAMIENTOS! ¡CUÁN INMENSA ES LA SUMA DE ELLOS!» (SALMOS 139:17).

# DÍA: 40

Material extra para hablar con Dios… Auto-reflexión… ¿Qué te está diciendo Dios?

........................................................................................................

........................................................................................................

........................................................................................................

........................................................................................................

........................................................................................................

........................................................................................................

........................................................................................................

........................................................................................................

........................................................................................................

........................................................................................................

........................................................................................................

........................................................................................................

........................................................................................................

........................................................................................................

........................................................................................................

........................................................................................................

........................................................................................................

........................................................................................................

## SEÑOR, HÁGASE TU VOLUNTAD. AMÉN

Responsabilidad: ¿Qué libro y capítulo (s) leíste hoy?

........................................................................................................

........................................................

Tu Firma

# ORACIONES RESPONDIDAS

GRACIAS POR...

..................................................................................................................

..................................................................................................................

..................................................................................................................

..................................................................................................................

....................................................................FECHA: _____/_____/_____

GRACIAS POR...

..................................................................................................................

..................................................................................................................

..................................................................................................................

..................................................................................................................

....................................................................FECHA: _____/_____/_____

GRACIAS POR...

..................................................................................................................

..................................................................................................................

..................................................................................................................

..................................................................................................................

....................................................................FECHA: _____/_____/_____

GRACIAS POR...

..................................................................................................................

..................................................................................................................

..................................................................................................................

..................................................................................................................

....................................................................FECHA: _____/_____/_____

Material extra para hablar con Dios:

..................................................................................................................

..................................................................................................................

..................................................................................................................

GRACIAS POR...

........................................................................................................

........................................................................................................

........................................................................................................

........................................................................................................

.............................................................FECHA: _____/_____/_____

GRACIAS POR...

........................................................................................................

........................................................................................................

........................................................................................................

........................................................................................................

.............................................................FECHA: _____/_____/_____

GRACIAS POR...

........................................................................................................

........................................................................................................

........................................................................................................

........................................................................................................

.............................................................FECHA: _____/_____/_____

GRACIAS POR...

........................................................................................................

........................................................................................................

........................................................................................................

........................................................................................................

.............................................................FECHA: _____/_____/_____

MATERIAL EXTRA PARA HABLAR CON DIOS:

........................................................................................................

........................................................................................................

........................................................................................................

GRACIAS POR…

...................................................................................................................
...................................................................................................................
...................................................................................................................
...................................................................................................................
...........................................................FECHA: _____/_____/_____

GRACIAS POR…

...................................................................................................................
...................................................................................................................
...................................................................................................................
...................................................................................................................
...........................................................FECHA: _____/_____/_____

GRACIAS POR…

...................................................................................................................
...................................................................................................................
...................................................................................................................
...................................................................................................................
...........................................................FECHA: _____/_____/_____

GRACIAS POR…

...................................................................................................................
...................................................................................................................
...................................................................................................................
...................................................................................................................
...........................................................FECHA: _____/_____/_____

MATERIAL EXTRA PARA HABLAR CON DIOS:

...................................................................................................................
...................................................................................................................
...................................................................................................................

GRACIAS POR...

.................................................................................................

.................................................................................................

.................................................................................................

.................................................................................................

.....................................................FECHA: _____/_____/_____

GRACIAS POR...

.................................................................................................

.................................................................................................

.................................................................................................

.................................................................................................

.....................................................FECHA: _____/_____/_____

GRACIAS POR...

.................................................................................................

.................................................................................................

.................................................................................................

.................................................................................................

.....................................................FECHA: _____/_____/_____

GRACIAS POR...

.................................................................................................

.................................................................................................

.................................................................................................

.................................................................................................

.....................................................FECHA: _____/_____/_____

MATERIAL EXTRA PARA HABLAR CON DIOS:

.................................................................................................

.................................................................................................

.................................................................................................

GRACIAS POR…

..............................................................................................................

..............................................................................................................

..............................................................................................................

..............................................................................................................

.........................................................FECHA: _____/_____/_____

GRACIAS POR…

..............................................................................................................

..............................................................................................................

..............................................................................................................

..............................................................................................................

.........................................................FECHA: _____/_____/_____

GRACIAS POR…

..............................................................................................................

..............................................................................................................

..............................................................................................................

..............................................................................................................

.........................................................FECHA: _____/_____/_____

GRACIAS POR…

..............................................................................................................

..............................................................................................................

..............................................................................................................

..............................................................................................................

.........................................................FECHA: _____/_____/_____

MATERIAL EXTRA PARA HABLAR CON DIOS:

..............................................................................................................

..............................................................................................................

..............................................................................................................

GRACIAS POR…

.......................................................................................................
.......................................................................................................
.......................................................................................................
.......................................................................................................
.....................................................FECHA: _____/_____/_____

GRACIAS POR…

.......................................................................................................
.......................................................................................................
.......................................................................................................
.......................................................................................................
.....................................................FECHA: _____/_____/_____

GRACIAS POR…

.......................................................................................................
.......................................................................................................
.......................................................................................................
.......................................................................................................
.....................................................FECHA: _____/_____/_____

GRACIAS POR…

.......................................................................................................
.......................................................................................................
.......................................................................................................
.......................................................................................................
.....................................................FECHA: _____/_____/_____

Material extra para hablar con Dios:

.......................................................................................................
.......................................................................................................
.......................................................................................................

GRACIAS POR...

.............................................................................................................
.............................................................................................................
.............................................................................................................
.............................................................................................................
.........................................................FECHA: _____/_____/_____

GRACIAS POR...

.............................................................................................................
.............................................................................................................
.............................................................................................................
.............................................................................................................
.........................................................FECHA: _____/_____/_____

GRACIAS POR...

.............................................................................................................
.............................................................................................................
.............................................................................................................
.............................................................................................................
.........................................................FECHA: _____/_____/_____

GRACIAS POR...

.............................................................................................................
.............................................................................................................
.............................................................................................................
.............................................................................................................
.........................................................FECHA: _____/_____/_____

MATERIAL EXTRA PARA HABLAR CON DIOS:

.............................................................................................................
.............................................................................................................
.............................................................................................................

GRACIAS POR...

.................................................................................................
.................................................................................................
.................................................................................................
.................................................................................................
...............................................FECHA: _____/_____/_____

GRACIAS POR...

.................................................................................................
.................................................................................................
.................................................................................................
.................................................................................................
...............................................FECHA: _____/_____/_____

GRACIAS POR...

.................................................................................................
.................................................................................................
.................................................................................................
.................................................................................................
...............................................FECHA: _____/_____/_____

GRACIAS POR...

.................................................................................................
.................................................................................................
.................................................................................................
.................................................................................................
...............................................FECHA: _____/_____/_____

MATERIAL EXTRA PARA HABLAR CON DIOS:

.................................................................................................
.................................................................................................
.................................................................................................

GRACIAS POR…

...........................................................................................................

...........................................................................................................

...........................................................................................................

...........................................................................................................

.................................................................FECHA: _____/_____/_____

GRACIAS POR…

...........................................................................................................

...........................................................................................................

...........................................................................................................

...........................................................................................................

.................................................................FECHA: _____/_____/_____

GRACIAS POR…

...........................................................................................................

...........................................................................................................

...........................................................................................................

...........................................................................................................

.................................................................FECHA: _____/_____/_____

GRACIAS POR…

...........................................................................................................

...........................................................................................................

...........................................................................................................

...........................................................................................................

.................................................................FECHA: _____/_____/_____

MATERIAL EXTRA PARA HABLAR CON DIOS:

...........................................................................................................

...........................................................................................................

...........................................................................................................

GRACIAS POR…

...................................................................................................

...................................................................................................

...................................................................................................

...................................................................................................

.................................................FECHA: _____/_____/_____

GRACIAS POR…

...................................................................................................

...................................................................................................

...................................................................................................

...................................................................................................

.................................................FECHA: _____/_____/_____

GRACIAS POR…

...................................................................................................

...................................................................................................

...................................................................................................

...................................................................................................

.................................................FECHA: _____/_____/_____

GRACIAS POR…

...................................................................................................

...................................................................................................

...................................................................................................

...................................................................................................

.................................................FECHA: _____/_____/_____

MATERIAL EXTRA PARA HABLAR CON DIOS:

...................................................................................................

...................................................................................................

...................................................................................................

GRACIAS POR…

...........................................................................................................................
...........................................................................................................................
...........................................................................................................................
...........................................................................................................................
.....................................................FECHA: _____/_____/_____

GRACIAS POR…

...........................................................................................................................
...........................................................................................................................
...........................................................................................................................
...........................................................................................................................
.....................................................FECHA: _____/_____/_____

GRACIAS POR…

...........................................................................................................................
...........................................................................................................................
...........................................................................................................................
...........................................................................................................................
.....................................................FECHA: _____/_____/_____

GRACIAS POR…

...........................................................................................................................
...........................................................................................................................
...........................................................................................................................
...........................................................................................................................
.....................................................FECHA: _____/_____/_____

MATERIAL EXTRA PARA HABLAR CON DIOS:

...........................................................................................................................
...........................................................................................................................
...........................................................................................................................

GRACIAS POR…

..................................................................................................
..................................................................................................
..................................................................................................
..................................................................................................
..........................................................FECHA: _____/_____/_____

GRACIAS POR…

..................................................................................................
..................................................................................................
..................................................................................................
..................................................................................................
..........................................................FECHA: _____/_____/_____

GRACIAS POR…

..................................................................................................
..................................................................................................
..................................................................................................
..................................................................................................
..........................................................FECHA: _____/_____/_____

GRACIAS POR…

..................................................................................................
..................................................................................................
..................................................................................................
..................................................................................................
..........................................................FECHA: _____/_____/_____

MATERIAL EXTRA PARA HABLAR CON DIOS:

..................................................................................................
..................................................................................................
..................................................................................................

GRACIAS POR…

......................................................................................................................
......................................................................................................................
......................................................................................................................
......................................................................................................................
.........................................................FECHA: _____/_____/_____

GRACIAS POR…

......................................................................................................................
......................................................................................................................
......................................................................................................................
......................................................................................................................
.........................................................FECHA: _____/_____/_____

GRACIAS POR…

......................................................................................................................
......................................................................................................................
......................................................................................................................
......................................................................................................................
.........................................................FECHA: _____/_____/_____

GRACIAS POR…

......................................................................................................................
......................................................................................................................
......................................................................................................................
......................................................................................................................
.........................................................FECHA: _____/_____/_____

MATERIAL EXTRA PARA HABLAR CON DIOS:

......................................................................................................................
......................................................................................................................
......................................................................................................................

GRACIAS POR…

...................................................................................................................
...................................................................................................................
...................................................................................................................
...................................................................................................................
.........................................................FECHA: _____/_____/_____

GRACIAS POR…

...................................................................................................................
...................................................................................................................
...................................................................................................................
...................................................................................................................
.........................................................FECHA: _____/_____/_____

GRACIAS POR…

...................................................................................................................
...................................................................................................................
...................................................................................................................
...................................................................................................................
.........................................................FECHA: _____/_____/_____

GRACIAS POR…

...................................................................................................................
...................................................................................................................
...................................................................................................................
...................................................................................................................
.........................................................FECHA: _____/_____/_____

Material extra para hablar con Dios:

...................................................................................................................
...................................................................................................................
...................................................................................................................

www.ingramcontent.com/pod-product-compliance
Lightning Source LLC
Chambersburg PA
CBHW060930040426
42445CB00011B/866